吉田 裕
Yutaka Yoshida

アジア・太平洋戦争

シリーズ日本近現代史⑥

Eurus
Notus
Boreas
Zephyrus

岩波新書
1047

はじめに

長く続く「戦後」

なぜ、「戦後」は終わらないのだろうか。アメリカの歴史家、キャロル・グラックは、いずれの国においても、第二次世界大戦の「戦後」とよばれる時代は、一九五〇年代後半までには終わり、その後の時代は「現代」として取り扱われるにもかかわらず、日本では未だに「長い戦後」が続いていると指摘している(「現在のなかの過去」)。

もちろん、日本でも、何度か「戦後」の終結宣言がなされている。経済企画庁の『昭和三一年度年次経済報告』(一九五六年)、いわゆる『経済白書』が、「もはや「戦後」ではない」と高らかに宣言して論議をよんだことは、よく知られている。また、一九六五(昭和四〇)年八月、戦後の首相として初めて沖縄を訪問した佐藤栄作首相は、那覇空港で発表した声明文の中で、「私は沖縄の祖国復帰が実現しない限り、わが国にとって「戦後」が終っていないことをよく承知しております」と述べている。佐藤首相のこの認識に従えば、七二年の沖縄の本土復帰によって、「戦後」は終わったことになる。確かに、この七二年は、日本の戦後史にとって大きな節目となった年だった。五六年のソ連との国交回復、六五年の韓国との国交の樹立に続いて、対日戦で最大の被害を蒙った中華人民共和国との国交が回復したからである。五一年に調印されたサンフランシスコ講和条約には、中国を代表する政権や韓国政府は招請されず、ソ連も調印を拒否した。冷戦下の「片面講和」である。そのことを考えるならば、朝鮮民主主義人民共和国との国交問題が残されているとはいえ、七二年の日中国交回復によって、ようやく「全面講和」が実現したといえるだろう。

戦争責任という問題

しかし、その後も「戦後」という言葉は、決して死語とはならなかった。その理由の一つとしては、アジア・太平洋戦争の戦後処理が不充分な形でしかなされていないという問題があげられる。特に、九〇年代に入ると、慰安婦や強制連行された人々のように、アジア諸国の戦争犠牲者の中から、日本政府に対して戦後補償を求める声があがり始める。日本の国内においても、治安維持法で弾圧され虐待された人々や、空襲や原爆の犠牲者の中から、日本政府に補償を求める動きが現われてくる。二〇〇六年四月に朝日新聞社が実施した世論調査によれば、「日本は、侵略や植民地支配を通じて被害を与えた国や人々に対して、謝罪や償いを十分にしてきたと思いますか。まだ不十分だと思いますか」との質問に対して、「十分にしてきた」は三六%にとどまり、五一%の人が「まだ不十分だ」と答えている。戦後処理は、日本人の意識の中でも、まだ終わっていないのである。

戦後処理の問題と関連して重要なことは、かつての戦争に対する評価が日本人の中で一定していないことである。戦後の日本社会の中で、植民地支配の歴史や満州事変以降の一連の戦争の性格についての本格的な論議が始まるのは、八〇年代以降のことである。その歴史的な背景については、私の『日本人の戦争観』に譲ることとして、ここでは、戦争責任という問題に正面から向きあってこなかったと、多くの国民が感じている事実を重視したい。例えば、毎日新聞社が二〇〇五年八月に実施した世論調査によれば、「戦争責任について戦後、日本の議論は十分だったと思いますか」との質問に対して、「十分だった」と答えた人はわずか一四%であり、「不十分だった」は七五%にも達している。

本書では、こうした状況を踏まえ、本来ならば戦後処理の前提となるべきはずの戦争責任の問題を強く意識しながら、アジア・太平洋戦争の時代を自分なりに再構成してみたい。この場合の戦争責任とは、日本国家と日本人の対外的責任の問題だけでなく、日本の国家指導者たちの国民に対する責任の問題も視野に入れて考えたい。

戦争への想像力の衰弱

「戦後」が終わらないもう一つの理由としては、戦後の日本社会が、再度の戦争を直接に体験していないことがあげられる。朝鮮戦争にしてもベトナム戦争にしても、アメリカの軍事行動に協力するという形で深く関与してはいるが、日本自らが武力行使の直接の主体となったことはなかった。もし仮に新たな戦争を直接に体験していたとするならば、その戦争の戦後が始まり、アジア・太平洋戦争の「戦後」は終わりを告げるか、あるいは、新たな戦後によって相対化され、その中に埋没してゆくことになっただろう。しかし、新たな戦争を体験しなかったということは、アジア・太平洋戦争の体験者以外に戦争体験者が存在しないことを意味してもいる。そして、時の流れとともに、戦争体験者は確実に減少してゆく。当然のことではあるが、戦闘者集団としての自衛隊も、こうした時代の流れと無縁ではありえない。陸上自衛隊幹部学校戦史教官室長の白石博司は、すでに一〇年以上も前に、次のように書いていた（白石博司「戦史雑感―（その1）」『陸戦研究』一九九五年一二月号）。

近年、旧軍関係者が自衛隊の現職を去り、また実戦を体験してきた人も老齢には勝てず、いよいよ自衛隊も全く未体験の軍事集団になってしまった。体験・実験の難しい軍事を専門にする我々幹部自衛官にとって、実戦を学ぶ教材として残されたのは戦史以外にないといっても過言ではない。いよいよ腰を据えて戦史を勉強する時が来たと思う。

まったく違った理由からではあるが、私も白石と危機感の一部を共有する。戦争体験世代が減少するなかで、現在の日本社会では、戦争の現実、戦場の現実に対するリアルな想像力が急速に衰弱しているように感じられるからである。一九九一年の湾岸戦争の頃から、そうした変化が始まっているように思う。テレビの映像を通じて見る最新鋭のハイテク兵器、「大本営発表」を思わせるような米軍スポークスマンの戦況報告、兵器の性能だけを得々として解説する軍事評論家。そうした報道の渦のなかで、私たちは、知らず知らずのうちに、ウォーゲームのような発想と感覚で戦争を観察し、論評していたのではないか。少なくとも、その時の私たちの視野からは、最前線の塹壕の中にはいつくばって死の恐怖と戦っている兵士の存在や、戦争にまきこまれた民間人犠牲者の存在は、すっぽりと抜け落ちていた。

私自身も、戦争を体験してはいない。一九五四年生まれの「戦無派」世代の研究者である。しかし、直接に体験はしていなくても、戦争の現実、戦場の現実に対する想像力を身につけることはできるのではないだろうか。そもそも、直接に体験していない事象を想像することができないとすれば、歴史学という学問は成り立たないだろう。

具体的にいえば、人と人とが、殺し殺される関係性のなかに投げこまれる戦場という殺戮の現場への想像力、巨大なキノコ雲の下で生起している数々の出来事に対する想像力、夫や息子の死を「名誉の戦死」として受け入れさせてゆく時代と社会の強大な力に対する想像力、そして、「敵の顔」の中に「人間の顔」を見出してゆくことのできる想像力などである。本書では、そうした戦争や戦場の現実に対するリアルな想像力の回復という問題意識をもう一つの核として、あの戦争の時代を再構成してみたい。

なお、本書では、四一年一二月に始まり、四五年九月の降伏文書調印で終わった戦争を「アジア・太平洋戦争」とよぶことにする。当時使われた「大東亜戦争」は、あまりにイデオロギー過剰な呼称であるし、現在一般的に使われている「太平洋戦争」も、日米戦争本位の呼称で、中国戦線や東南アジアの占領地の重要性が見失われてしまう可能性がある。私も編集委員の一人である『岩波講座　アジア・太平洋戦争』全八巻では、満州事変、日中戦争、「太平洋戦争」という一連の戦争を、「アジア・太平洋戦争」という広義の概念で把握することを提唱している。あの戦争を、戦後をも組みこんだ時間的ひろがりと、「帝国」という空間的ひろがりのなかで、とらえ直そうという問題意識に基づいてのことである。その問題意識を継承しつつ、本書では、戦争の呼称としては、「アジア・太平洋戦争」を「太平洋戦争」にかわる戦争の呼称として、使用することにしたい。「大東亜戦争」「太平洋戦争」にかわる適切な呼称が、他に見出せないという理由からである。

目　次

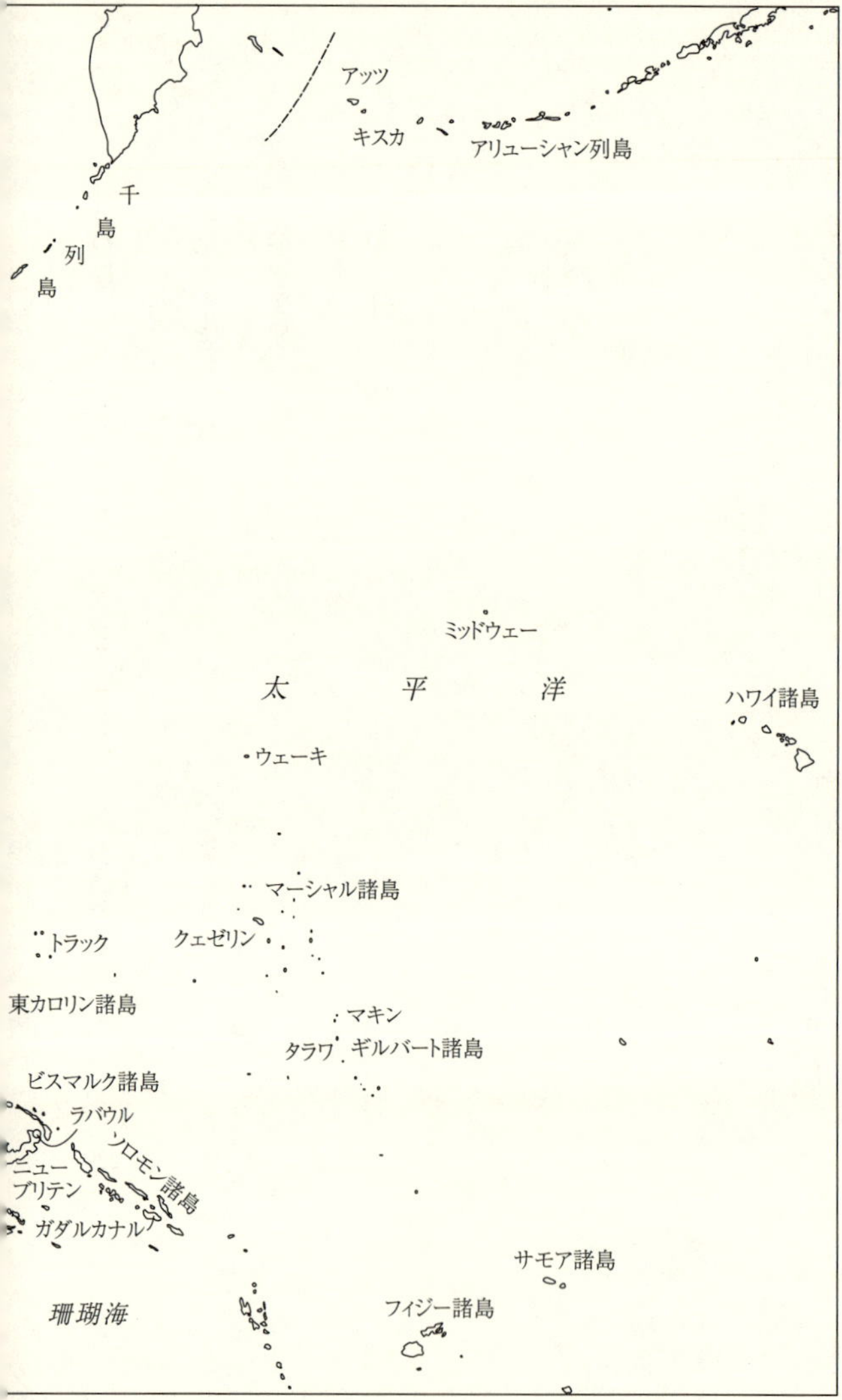

一五年戦争小史(新版)』をもとに作成)

アジア・太平洋戦争関係地図(江口圭

文中の年号表記については、各章の初出を「一九四一(昭和一六)年」のように四桁、元号併記のかたちで表記し、以下は誤解のおそれのない限り、「四一年」のように下二桁で表記した。

引用に際しては、読みやすさを優先して、句読点を加え、かたかなをひらがなに、旧字を常用漢字に改めるなどの措置をとった。また、明白な誤記・誤植は引用者の責任で直した。引用史料中の注記は〔 〕で示した。主な参考文献は( )で示すとともに、巻末の「参考文献」に各章ごと刊行年順に記載した。なお、防衛省防衛研究所戦史部、外交史料館、アジア歴史資料センターの所蔵史料については、所蔵先を省略した。

第1章 開戦への道

1941年10月20日，首相官邸にて，近衛文麿前首相(左)と事務引継ぎを行なう東条英機首相(右)．日米交渉に意欲をみせてきた近衛内閣の退陣は，日米関係の大きな転換点となった(毎日新聞社)．

1　三国同盟から対米英開戦へ

三国同盟・武力南進政策

一九四〇(昭和一五)年七月二二日、第二次近衛《このえ》文麿《ふみまろ》内閣が成立した。近衛は、五摂《ごせっ》家筆頭という由緒ある家柄に生まれた公家出身の政治家である。宮中との関係も深く、一八九一(明治二四)年生まれの若手の政治家として、国民的な人気もあった。すでに、一九三七年六月から三九年一月にかけて、第一次内閣を組織し、日中戦争の長期化に大きな政治的責任を負ってもいた。

国内政策の面では、近衛は広範囲な国民の組織化を通じて近衛新党を樹立し、その政治力を背景にして軍部を内閣のコントロール下に置くことを狙って、組閣直前から新体制運動を開始していた。結局、この運動は、諸政治勢力間の対立を克服できないままに新党構想としては挫折し、すべての政党の解散の後に全政治勢力を網羅した大政翼賛会が四〇年一〇月一二日に結成された。近衛首相を総裁としたこの翼賛会は、近衛が当初期待したような軍部をコントロールできるだけの政治力の獲得には失敗したが、各種の官製国民運動団体や部落会・町内会などの地域組織を傘下に収めることによって、ファシズム体制確立期の国民動員組織として大きな力を発揮することになる。

対外政策の面では、この第二次近衛内閣の下で、四〇年七月二七日の大本営政府連絡会議が、「世界情勢の推移に伴ふ時局処理要綱」を決定する。ドイツ・イタリアとの政治的結束の強化と東南アジアへの武力南進を決めた重要国策である。この結果、同年九月二七日には、日・独・伊三国の間で三国同盟が締結され、ヨーロッパにおける独伊の、アジアにおける日本の指導的地位を相互に承認し、第三国（実際にはアメリカ）との間に武力衝突が生じた場合には、相互に軍事的援助を行なうことが決められた。また、日本政府は、軍事的圧力を背景にして、フランス領インドシナ当局との間に軍事協定を締結し、これに基づき、九月二三日には日本軍が北部仏印に進駐した。この間、現地軍は独断で越境し、仏印軍との間で戦闘が行なわれている。この北部仏印進駐は、イギリスなどの対中国援助物資の補給路である援蔣《えんしょう》ルート（仏印ルート）を遮断し、あわせて南進のための基地を確保することにその目的があった。

日中戦争の行き詰り

この三国同盟・武力南進政策の背景にあったのは、日中戦争の行き詰りである。三七年七月に日中戦争が開始されると、日本軍は、同年一二月に首都・南京を占領し、翌三八年五月には徐州を、一〇月には武漢を占領した。しかし、国民政府は首都を重慶に移して抗戦を続け、逆に三九年末には中国国民政府軍の冬季攻勢が、四〇年夏には、華北の八路軍《はちろ》（共産党軍）による反攻作戦（百団大戦）が行なわれて、日本軍に衝撃を与える。

こうして、日中戦争が長期化し戦線が膠着するなかで、軍事力による解決の見通しを失った日本政府は、政略攻勢による局面の打開に期待をかけるようになる。その最大のものが、汪兆《おうちょう》銘《めい》工作である。これは、国民党の副総裁である汪兆銘に対する和平工作だが、日本側が中国における権益の確保や日本軍の駐留にこだわり続けたため、中国側の充分な支持をえることができず、国民政府に対する切り崩し工作としても失敗に終わった。結局、重慶を脱出した汪は、四〇年三月に南京に国民政府を樹立するが、その内実は日本軍の傀儡《かいらい》政権にほかならなかった。同年一一月三〇日、汪兆銘政権は、日本政府との間に日華基本条約を締結しているが、この条約は、日本に広範な軍事・政治・経済上の特権を付与するものであり、治安回復後二年以内の日本軍の撤兵を規定していたものの、その後も特定地域に引き続き駐留する権利を日本側に認めていた。中国民衆が、日本に対してあまりにも妥協的な汪政権を支持するはずもなかったのである。

「四国協商」構想とその破綻

三国同盟・武力南進政策のもう一つの背景は、ヨーロッパにおけるドイツ軍の大攻勢である。三九年九月に勃発した第二次世界大戦は、「奇妙な戦争」とよばれる対峙状態が続いていたが、四〇年四月にはドイツ軍がノルウェー、デンマークに侵攻、五月にはベルギー・オランダ・ルクセンブルク・フランスに侵攻して、六月にはパリを陥落させた。ドイツ軍による「電撃戦」の勝利である。これによって、陸海軍内の親独派が勢いづいただけでなく、政府や陸海軍の間に、ドイツの軍事力に対する過大な評価が急速に拡大していった。また、その一方で、ドイツの勝利によって戦争が終結した場合、東南アジアに存在するイギリス・フランス・オランダなどの植民地がドイツの勢力圏に組み入れられてしまうことに対する危惧も生まれていた。こうしたなかで、ドイツの勝利に積極的に便乗し、ドイツと一体となって、勢力圏の再分割戦争に加わろうとする勢力が台頭してくることになる。

以上のように、日中戦争の行き詰りに直面していた日本は、ドイツの勝利に幻惑され、三国同盟の圧力によってアメリカを牽制しつつ武力南進するという路線を選択した。そして、この南進には二つの狙いがこめられていた。一つは、その植民地の奪取によって、中国を支援するイギリスの弱体化をはかり、あわせて仏印ルート・ビルマルートという二つの援蔣ルートを遮断して、日中戦争を解決するという狙いである。もう一つは、ドイツの勝利に便乗して東南アジアに武力進出し、この地域に日本の経済的自給圏を確立することによって、日本の戦略的態勢を強化しようという狙いだった。

ところで、この三国同盟は、「四国協商」構想の中に位置づけられていた。代表的な「四国協商」論者である第二次近衛内閣の松岡洋右《ようすけ》外相は、まず日独伊の間に三国同盟を結び、これにソ連を引き入れて「四国協商」に発展させるという構想をもっていた。三九年八月に独ソ不可侵条約を結んでいたドイツとソ連は、当時、表面上は良好な関係にあった。また、ソ連の側

図 **1-1**　モスクワで日ソ中立条約に調印する松岡外相．斜め後ろにはスターリンが立っている．「電撃外交」によって条約調印に成功した松岡は得意の絶頂にあった（ボリス・スラヴィンスキー『考証　日ソ中立条約』）．

も、日本の軍事力の鉾先《ほこさき》が、北方ではなく南方に向けられることを望んでいた。

こうしたなかで、松岡外相は、ドイツ・イタリア訪問の帰路にモスクワでスターリンと会談し、四一年四月一三日には、日ソ中立条約に調印する（図1－1）。条約の主眼点は、両国間の平和友好関係の維持、一国が第三国の軍事行動の対象となった場合、他の一国は中立を守るという中立義務規定などにあった。また、日ソ中立条約は、日本の対中国封じこめ戦略の一環でもあった。ソ連は、この条約の締結によって、中国に対する軍事援助を停止することを余儀なくされたのである。しかし、すでにこの段階で、日ソ中立条約の前提となっていた「四国協商」構想は破綻しつつあった。四〇年一二月一八日、ヒトラーは、対ソ戦の準備を国防軍に命じていたからである。

アメリカの対日政策の硬化

日本の南進政策は、アメリカの対日政策を硬化させた。三九年七月、アメリカは、天津のイギリス租界封鎖問題で日本との対立を深めていたイギリスに対する支援の姿勢を明確にするため、日米通商航海条約の廃棄を日本政府に通告した。さらに、四〇年九月に日本軍が北部仏印に進駐すると、同月末には鉄鋼・屑鉄《くずてつ》の対日輸出を禁止し、金属・機械製品などにも、しだいに輸出許可制が導入されていった。アメリカは、経済制裁で日本の南進を阻止しようとしたのである。しかし、一連の対日禁輸政策は、南進阻止という点ではあまり実効性がなく、むしろ陸海軍内の対米強硬派の発言権を増大させる結果をもたらした。日米間の緊張がたかまるなかで、四一年四月からは、日米関係を調整し、日米戦争を回避するための外交交渉が日米間で開始される。いわゆる日米交渉である。この交渉では三国同盟や日中戦争、対日禁輸問題が大きな争点となったが、両者の間の溝はなかなか埋まらなかった。

同じ頃、ヨーロッパ情勢も大きな転機を迎えようとしていた。四〇年八月からは、英本土上陸作戦のための前哨戦として、ドイツ空軍は英本土への空襲を開始するが（バトル・オヴ・ブリテン）、イギリス空軍の激しい反撃にあって、制空権を奪うまでには至らなかった。また、ドーヴァー海峡の制海権は依然としてイギリス海軍が確保していた。結局、ヒトラーは対英上陸作戦を最終的に断念して対ソ戦準備を本格化し、四一年六月二二日、バルト海から黒海にわたる戦線で、対ソ侵攻作戦を開始した。バルバロッサ作戦である。これによって、日本の「四国協商」構想は、完全に破綻する。

激変する国際情勢に対応するため、日本政府と軍部は、七月二日に御前《ごぜん》会議を開催し、「情勢の推移に伴ふ帝国国策要綱」を決定した。決定の内容は、独ソ戦が日本に有利な進展をみせた場合には、ソ連に対する武力行使に踏み切ること、対米英戦を辞さない決意の下に南進政策を強力に推進すること、の二点である。この御前会議決定に基づき、対ソ戦準備のため、陸軍は大兵力を満州に集結させた。「関東軍特種演習(関特演)」の秘匿名でよばれた兵力動員である。続いて、七月二八日には、南部仏印進駐が開始された。これによって、日本は、南進のための航空基地と海軍根拠地を獲得する。

日本側の意図を事前につかんでいたアメリカ政府は、日本軍の南部仏印進駐に敏感に反応した。七月二六日には、在米日本資産の凍結を公表し、八月一日には、日本に対する石油の輸出を全面的に禁止する措置をとった。アメリカは、日本の南進政策をこれ以上認めないという強い意思表示を行なったのである。アメリカ側の厳しい反応を充分に予期していなかった日本政府と軍部は、資産凍結と石油の禁輸という対抗措置に大きな衝撃をうけた。日米関係が悪化するなかで、大量の石油の備蓄に努めてきたとはいえ、日本の戦争経済はアメリカからの石油の供給に大きく依存していたからである。以後、石油の供給を断たれて国力がジリ貧になる前に、対米開戦を決意すべきだとする主戦論が勢いを増してくることになった。日米交渉は、その後も続けられ、相互に妥協する可能性がまったくなかったわけではなかったが、日本は南部仏印進駐によって、対米英開戦の方向に大きく舵を切ったのである。

2　戦争の性格

日英戦から日米戦へ

一九四一(昭和一六)年一二月八日午前二時一五分(日本時間)、日本陸軍の佗美《たくみ》支隊は英領マレー半島のコタバルへの上陸を開始、続いて三時一九分には、日本海軍の機動部隊から発進した第一次攻撃隊が真珠湾《しんじゅわん》への空爆を開始、ここにアジア・太平洋戦争の幕が切って落とされた。この戦争の性格についてはさまざまな議論があるが、開戦の経緯から考えるならば、少なくとも、次の三つの論点の検討が重要だろう。

一つ目の論点は、対英戦と対米戦の関係である。日本軍の攻撃が真珠湾ではなく、英領マレー半島に対する攻撃から始まっている事実が端的に示すように、この戦争は何よりも対英戦争として生起した。すでに、日中戦争の開始以降、日本は中国におけるイギリスの権益を次々に侵害し、日英関係は急速に悪化していた。さらに決定的だったのは、四〇年九月の日独伊三国同盟の締結と日本の南進政策の開始である。四〇年春のドイツ軍の大攻勢によって大陸からの撤退を余儀なくされたイギリスは、引き続きドイツの攻勢に直面していた。八月には、すでに述べたように、英本土上陸作戦の前哨戦として、ドイツ空軍は英本土への空襲を開始する。

日本政府は、こうした国際情勢の変化を好機としてとらえ、三国同盟の圧力の下でアメリカを牽制しながら武力南進する路線を選択したのである。

注目する必要があるのは、日本の武力南進政策が日英戦争を不可避なものとしたとはいえ、日米間には決定的な利害対立が必ずしも存在しなかったという事実である。したがって、日本の軍部内にも、対英戦に主力をそそぎアメリカとの戦争は極力回避しようとする「英米可分論」と、対英戦は対米戦を必ず誘発する以上、対英戦決意は対米戦決意を伴うものでなければならないとする「英米不可分論」の対立が生じた。

実際の戦争は、対英戦とともに対米戦を開始するという形をとったが、結局、日本の武力南進政策が対英戦を不可避なものとし、さらに日英戦争が日米戦争を不可避なものとしたととらえることができる。ナチス・ドイツの膨張政策への対決姿勢を強めていたアメリカは、アジアにおいても「大英帝国」の崩壊を傍観することはできず、最終的にはイギリスを強く支援する立場を明確にしたのである。

日米戦争の性格

二つ目の論点は、日米戦争における戦争責任の問題である。かつて竹内好《よしみ》は、中国や東南アジアに対する侵略戦争と、欧米列強に対する戦争とを区別すべきだとして、次のように論じたことがある(竹内「近代の超克」)。

大東亜戦争は、植民地侵略戦争であると同時に、対帝国主義の戦争でもあった。この二つの側面は、事実上一体化されていたが、論理上は区別されなければならない。日本はアメリカやイギリスを侵略しようと意図したのではなかった。オランダから植民地を奪ったが、オランダ本国を奪おうとしたのではなかった。

アジア・太平洋戦争には、植民地を保有する帝国主義大国である欧米列強と、同じくアジア最大の帝国主義国である日本との間の植民地再分割戦争という側面があり、帝国主義国家相互の戦争という側面に限っていえば、日本はアメリカやイギリス、オランダに対して戦争責任を負ういわれはないという主張である。このような主張に共鳴する人は少なくないようである。読売新聞社が二〇〇五年一〇月に実施した世論調査によれば、「先の大戦については、次のような指摘があります。この中で、あなたの考えに最も近いものを、一つだけあげて下さい」との質問に対する回答は、「中国との戦争、アメリカとの戦争（イギリス、オランダ等連合国との戦争も含む）は、ともに侵略戦争だった」＝三四・二％、「中国との戦争は侵略戦争だったが、アメリカとの戦争は侵略戦争ではなかった」＝三三・九％、「中国との戦争、アメリカとの戦争は、ともに侵略戦争ではなかった」＝一〇・一％である。二番目の回答に示されるように、竹内の主張と響きあうような国民意識がかなり分厚く存在することが確認できる。

このような戦争観の背景にあるのは、なぜ日本だけが断罪されなければならないのか、アメリカに日本を裁く資格があるのか、という不公正感であり、不平等感である。戦後の東京裁判（極東国際軍事裁判）においては、原爆投下や日本の都市への無差別絨毯《じゅうたん》爆撃など、アメリカの戦争犯罪はまったく裁かれなかったし、アメリカ自身がその後、軍事覇権国家としての歴史を刻んできたことも否定できない。だとするならば、こうした歴史認識がある種の健全なバランス感覚に支えられている面があるのも確かだろう。

しかし、歴史の現実の展開のなかで戦争責任という問題を考えてみた時、「日米同罪論」、さらには、アジア・太平洋戦争は日本の自衛戦争であり、アメリカの側にこそ戦争責任があるという主張には、過度の単純化があるといわざるをえない。第一に指摘しなければならないのは、中国に対する侵略戦争と日米戦争を機械的に分離することはできないという問題である。悪化する日米関係を打開するため、四一年四月から日米交渉が始まるが、その最大の争点は、中国問題だった。アメリカ側は日本軍の中国からの撤兵を要求し、近衛文麿首相は何らかの形で撤兵を実現することによって交渉の決裂を回避しようとしたが、これに強硬に反対したのが陸軍だった。東条英機《とうじょうひでき》陸軍大臣は、一〇月一四日の閣議で、「撤兵問題は心臓だ。（中略）陸軍としては之《これ》は重大視して居るものだ。米国の主張に其儘《そのまま》服したら支那事変の成果を壊滅するものだ。満州国をも危くする。更に朝鮮統治も危くする」と主張している。

一種のドミノ理論だが、これによって交渉妥結の見通しを失った近衛内閣は総辞職を余儀なくされ、一〇月一八日には東条英機陸軍大将を首班とする東条内閣が成立する。この経緯を重視する家永三郎は、「日本は中国侵略戦争を継続するために、これを中止させようとするアメリカ・イギリス・オランダと開戦することになったのであって、中国侵略戦争の延長線上に対米英蘭戦争が発生したのであり、中国との戦争と対米英蘭戦争とを分離して、別個の戦争と考えることはできない」と論じている（家永『戦争責任』）。つまり、対中国侵略戦争で日本が獲得した既得権益を放棄するか否か、あるいは放棄するとすればどの程度か、この点が日米交渉の最大の争点だった。

日本の開戦決意はいつか

日米戦の戦争責任問題では、第二に、いつの時点で日本が開戦を決意したのかという論点がある。アジア・太平洋戦争の開戦決定は、四一年七月二日・九月六日・一一月五日・一二月一日の四回の御前会議決定をへて、最終的な国家意思として確定された。アジア・太平洋戦争を日本の自衛戦争とみなす人は、このうち一二月一日を開戦決定の日とする立場をとる。その論理構成を簡単にみてみると、日米交渉の最終段階でアメリカの国務長官ハルから提示された、いわゆるハル・ノートは、日本軍の中国からの撤兵、汪兆銘政権の否認、三国同盟の空文化など、日本政府が決して受け入れることのできない厳しい対日要求をもりこんだ対日最後通牒だった。そのため、日本政府は自衛権の行使に踏み切らざるをえず、一二月一日の御前会議で対米英開戦を決定した、というものである。この場合は、「日米同罪論」というよりは、むしろ一歩踏みこんで、アメリカ側に戦争責任があるという主張である。

しかし、一二月一日はあくまで形式的な最終決定の日であり、実質的な開戦決定がいつなされたかという問題の方が重要である。そして、その実質的な開戦決定の日は、やはり一一月五日だろう。この日の御前会議で決定された「帝国国策遂行要領」は、「帝国は現下の危局を打開して自存自衛を完《まっと》うし大東亜の新秩序を建設する為、此《こ》の際、英米蘭戦争を決意し左記措置を採る」とした上で、「武力発動の時期を十二月初頭と定め、陸海軍は作戦準備を完整《かんせい》す」と決めていた。引き続き外交交渉を継続するとされてはいたものの、実際には、その性格は開戦決意をカムフラージュするための「欺騙《ぎへん》外交」としての側面を強めてゆくことになる。

重視する必要があるのは、この日を境に陸海軍が戦闘態勢に完全に移行した事実である。陸軍の場合、一一月六日付の大陸命第五五五号によって、南方作戦に参加する各軍の戦闘序列が発令され、同じ六日付の一連の大陸命・大陸指によって、南方軍総司令官、支那派遣軍総司令官、南海支隊長に対して攻略準備命令が発令された。大陸命は、大元帥《だいげんすい》としての天皇が陸軍に発する最高統帥命令、大陸指は大陸命に基づいて参謀総長が発する指示事項である。

海軍の場合も、一一月五日付の大海令第一号によって作戦準備の「完整」が発令された。大海令もまた天皇が海軍に対して発する最高統帥命令である。同日、海軍の艦船部隊などを平時状態から戦時状態に移行させる出師《すいし》準備第二着作業が発動された。さらに、一一月二六日には、千島列島エトロフ島の単冠《ヒトカップ》湾に集結していた海軍の機動部隊が真珠湾攻撃のため密かに出港した。ハル・ノートが駐米日本大使に手交されたのが二六日、外務省がハル・ノート全文の翻訳を関係方面に配布したのが二八日だから、日本政府がハル・ノートの検討を終える前に、機動部隊は真珠湾攻撃に向けて発進していたのである。

ハル・ノートの位置づけ

なお、ハル・ノートについては、須藤眞志『ハル・ノートを書いた男』の分析が示唆的である。須藤によれば、ハル・ノートはアメリカ政府の正式提案ではなく、ハル国務長官の覚書とでもいうべき「ノート」であり、これを対日最後通牒とみなすこと自体に無理があった。また、日本軍の中国からの撤兵という要求に関しても、その場合の中国には日本が事実上支配している「満州国」を含まない可能性があった。ナチス・ドイツの打倒を最優先の課題とし、また、日本やドイツと比較して戦争準備が決定的に立ち遅れていたアメリカにとっては、日本の既得権益の一部を黙認するという宥和《ゆうわ》的政策をとることによって、「時をかせぐ」という選択肢がありえたのである。それにもかかわらず、外交交渉のなかで中国の範囲を確定してゆくという努力を最初から放棄してハル・ノートを最後通牒とみなし、戦争に突入していったところに日本外交の過誤があった、というのが須藤の分析の核心部分である。

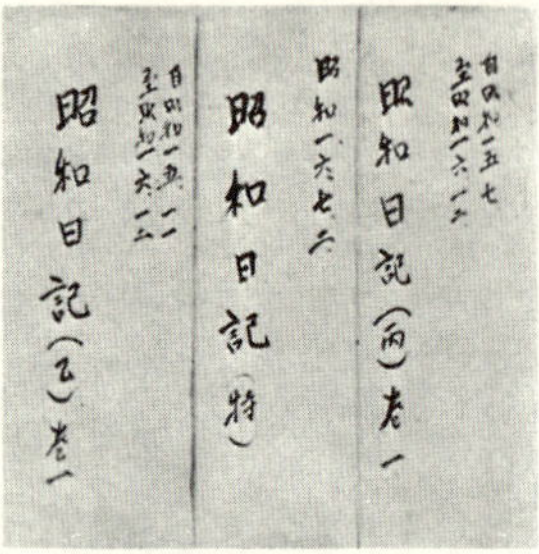

図 1-2　陸軍の軍人によって秘匿されていた大本営政府連絡会議・御前会議などの記録．米軍に発見されるのを恐れて，本来の表紙を焼却し，カムフラージュのため「昭和日記」という表紙に改装している(参謀本部編『杉山メモ(上)』)．

また、一一月五日の御前会議の重要性については、東京裁判における日本側の対応から間接的に裏づけることもできる。公判廷準備のために行なわれた国際検察局(IPS)による尋問の状況をIPS文書でみてみると、東条英機被告や元内大臣の木戸《きど》幸一《こういち》被告が、一一月五日の御前会議の存在を極力否認しようとしていることに気づく。やはり、ハル・ノートに先立つ一一月五日の御前会議で開戦を決意していたということになれば、自衛戦争論の前提自体が崩壊してしまうからだろう。

ちなみに、日本政府や軍部が、敗戦前後の時期に重要な機密文書を徹底的に焼却した事実は、今日ではよく知られている。その一方で、陸軍の幕僚将校グループは、御前会議の正式記録をドラム缶につめて地下に隠匿するなどの非常手段に訴えたため、占領の全期間を通じて、その正式記録の存在はアメリカ側に秘匿された。その結果、当初の段階では、アメリカ側は一一月五日の御前会議の存在そのものを知らず、四六年四月二九日に発表された東京裁判の起訴状では、七月二日・九月六日・一二月一日の三回の御前会議への言及しかなかった。東条や木戸による秘匿戦術は、当初は功を奏したのである。

しかし、検察側の証拠書類として法廷に提出された木戸幸一の日記の一一月五日の項に、「御前会議開催せられ、対米英蘭に対する方策決定せらる」と記されていたこともあって、東条自身も法廷戦術の変更を余儀なくされる。東条は、四七年一二月一九日付の口供書の中では、尋問の際の供述には「記憶の錯覚」があったとして、一一月五日の御前会議の存在を認めている（朝日新聞法廷記者団編『東京裁判（中）』）。

第一次大戦後の国際的変化

「日米同罪論」あるいは自衛戦争論の第三の問題点は、それが日本が戦った戦争の国際法上の違法性を無視ないし軽視していることである。第一次世界大戦後、戦争の惨禍に対する深刻な反省から、国際法の領域では戦争の違法化が進んだ。自衛のための戦争は別にすれば、国際紛争を解決する手段として戦争という行為に訴えるという考え方自体が基本的には否定されたのである。二八（昭和三）年八月に、日本を含む一五カ国の間で、国家の政策の手段としての戦争を放棄し紛争を平和的に解決することを宣言した不戦条約が調印されたことは、そうした世界史の新たな流れを象徴的に示す出来事だった。自衛権についての留保を認めるなどの問題点を残しつつも、この条約には最終的にはソ連を含む六三カ国が加入し、国際社会の重要な規範的原理となった。

第一次世界大戦後のもう一つの変化は、植民地や半植民地における民族運動の高揚という事態に直面した列強が、力による支配の限界を認識し、民族自決という原理を漸進的に認めてゆくという方向に転じたことである。アジアでいえば、二二(大正一一)年二月、ワシントン会議で米・英・仏・日・伊・ベルギー・オランダ・ポルトガル・中国の間で調印された九カ国条約がそれにあたる。中国の関税自主権の回復や治外法権の撤廃がただちに実現されたわけではなかったが、この条約によって関係各国は、中国の主権や領土の尊重を義務づけられるとともに、門戸開放・機会均等の原則を相互に確認することになった。

満州事変以降の日本の対中国侵略戦争は、九カ国条約に対する明らかな違反行為だった。その結果、膨張政策を続ける日本政府の中からは、九カ国条約を日本外交の桎梏《しっこく》としてとらえ、その廃棄を主張する勢力が台頭する。しかし、その廃棄は結局は実現できなかった。日本政府としても、民族自決の原理を公的に否定することはできなかったからである。その結果、日本は九カ国条約を事実上棚上げにしながら、アジア諸国への侵略を継続し拡大するという道を突き進んでゆくことになったのである。

もう一度、ハル・ノートに立ち帰ってみよう。その中でアメリカ側は、中国からの撤兵・汪政権の否認・三国同盟の空文化とならんで、すべての国家の領土及び主権の尊重、内政不干渉、通商上の機会均等、紛争の平和的解決という四原則の確認を日本側に求めていた。日本側はこの四原則の確認にも激しく反発している。参謀本部戦争指導班の一一月二七日付の業務日誌は、ハル・ノートの対日要求の中に「四原則の無条件承認」が含まれていることにも言及しながら、「米の回答全く高圧的なり。而《しか》も意図極めて明確、九カ国条約の再確認是《これ》なり」と記しているし(軍事史学会編『機密戦争日誌(上)』)、一二月一日の御前会議では、東郷茂徳《しげのり》外相が、日米交渉決裂の原因を、アメリカ側が四原則を「堅持し之が適用を強要せむとし」たことに求めている。

もちろん、アメリカにはアメリカの国益があり、それに基づく戦略的・政治的思惑がある。しかし、この段階でのアメリカの政策は、戦争の違法化と民族運動の高揚という時代の大きな流れと決定的に対立するものではなく、むしろその流れに沿うものだった。逆に四原則に対する激しい反発にみられるように、日本の場合は違った。日中戦争の継続と武力南進政策は、こうした国際的潮流に逆行し、それと正面から敵対する性格を持っていたといえよう。

開戦にともなう違法行為

同時に、開戦にともなってさまざまな国際法上の違法行為が発生したことも忘れてはならない。よく知られているのは、真珠湾への奇襲攻撃である。真珠湾への攻撃が始まったのが日本時間で一二月八日の午前三時一九分、野村吉三郎《きちさぶろう》大使が対米最終覚書をハル国務長官に手交したのが四時二〇分だから、手続き上は、完全な「だまし討ち」である。しかし、この対米最終覚書は、その結論部分に、「仍《よっ》て帝国政府は茲《ここ》に合衆国政府の態度に鑑《かんが》み、今後交渉を継続するも妥結に達するを得ずと認むるの外《ほか》なき旨を、合衆国政府に通告するを遺憾とするものなり」とあるように、日米交渉の打ち切り通告であって、開戦の通告ではない。したがって、仮にこれが真珠湾への攻撃開始前にアメリカ側に手交されたとしても、「だまし討ち」の非難を免れることはできない。日本も調印した一九〇七(明治四〇)年の「開戦に関する条約」は、「理由を付したる開戦宣言の形式又は条件付開戦宣言を含む最後通牒の形式を有する明瞭且《かつ》事前の通告なくして」戦争を開始することを禁じていたからである。

なお、この対米最終覚書問題では、新たな事実が明らかにされつつある。井口武夫「対米開戦通告をめぐる諸問題」などの研究によって、一つには、この覚書には、複数の原案があり、その中には開戦通告的な性格を持つものも含まれていたことが明らかになった。それにもかかわらず、それが採用されなかったのは、無警告攻撃を重視する陸海軍が、日本の開戦決意を示唆するような文言がおりこまれることに反対したからだと考えられる。

もう一つは、駐米日本大使館の責任問題である。従来の理解では、対米最終覚書の手交が攻撃開始後になったのは、日本大使館員の過失によって、本省から送られてきた対米最終覚書の暗号解読が遅れたからであり、責任は怠慢な「出先」にあるとされてきた。ところが、実際の経過をみてみると、外務省本省は一三部に分かれた覚書の最終結論部分の発電をぎりぎりまで遅らせただけでなく、それを「大至急」または「至急」の指定をすることなしに、「普通電」として発電していたことがわかってきた。これは当時の外務省の電信処理規定からみても異例の措置だった。そこから浮び上ってくるのは、無警告攻撃を重視する軍の圧力に屈した、あるいは軍の政策に同調した外務省幹部の責任問題である。

その他の違法行為

その他の開戦時の違法行為としては、イギリス・オランダに対するものとタイに対するものをあげることができる。日米間の場合には、事前の外交交渉が存在し、戦闘開始後とはいえ交渉打ち切りの通告がともかくもなされた。しかし、日英戦争の場合には、外交交渉も最後通牒もないままに、真珠湾攻撃の一時間ほど前に、いきなりマレー半島への強襲上陸を開始しているのだから、国際法上の違法性はこちらの方がきわだっている。

さらに問題があるのは、オランダの場合である。イギリスに対しては、真珠湾攻撃後に発表された天皇による宣戦の詔書の中で、「朕茲《ちんここ》に米国及《および》英国に対して戦を宣す」という形で、宣戦布告に言及されている。詔書は、あくまで日本国民向けのものだが、その詔書が英米に対する宣戦布告文の役割をあわせ持たされていたのである。これ自体かなり無理のある措置だが、オランダに対しては、それすらなかった。オランダに対しては宣戦布告をせず、豊富な石油資源を有するオランダ領インドネシアを「無疵《むきず》で手に入れたいとの意見」が強かったからである（鹿島平和研究所編『日本外交史24』）。四五年一一月に、外務省条約局第一課が作成した調書、「戦争犯罪人と国際条約違反――独逸《ドイツ》の場合と日本の場合」も、こうした問題点について次のように指摘している。

尚《なお》英国に付ては開戦の御詔勅〔詔書のこと〕中に対英開戦の旨を明かにせるも同国政府に対しては我在外使臣ヨリ（中略）通告は行はれず。又和蘭《オランダ》国に対しては通告なかりしのみならず御詔勅中に於《おい》ても開戦の意思表示行はれざりき。

佐藤元英が指摘しているように、日本政府は宣戦布告の事前通告問題の重要性をほとんど認識していなかったといえよう（「なぜ「宣戦布告」の事前通告が行われなかったのか」）。

次に、タイの場合は、中立国に対する国際法違反行為である。陸軍は、英領マレー半島への進攻作戦のため、タイ領マレー半島のシンゴラに有力な部隊を上陸させ、その後南下させる計画だった。しかし、日本軍の進駐に対するタイ政府の同意を事前に取りつけることに失敗したため、日本軍の進駐はタイの国境を侵犯する武力進駐となり、各地で日本軍とタイ国軍との間で戦闘が行なわれた。日本政府は、軍事的圧力の下で、日本軍の国内通過を認めさせる協定をタイ政府に強要してようやく事態を終息させたが、この武力進駐は、明らかにタイの中立に対する侵害行為である。

このように、開戦にともなって、国際法に違反する行為が多発したという事実は、軍事の論理だけが優越したこの戦争の性格を端的に物語っているといえるだろう。

人種戦争論の抑止

以上、日英戦争と日米戦争の関係、日米戦争における戦争責任問題という二つの論点を検討してきたが、三つ目の論点は、アジア・太平洋戦争が、日本の側からみた時、反植民地主義戦争として開始されたのかという問題である。この問題に関しては、朝鮮・台湾という植民地を保有し、アジアの大国である中国と戦争を継続している国家が欧米列強のアジア支配からの解放を主張しても説得力を持たないという原理的な批判が当然ありうるが、ここでは、もう少し具体的に、日本の戦時プロパガンダにはらまれる矛盾という視角から、この問題にアプローチしてみたい。

開戦直後の四一年一二月一六日、作家の伊藤整《せい》は、後に言論報国会の幹部になる英文学者の森本忠から、「当局から達しがあって（中略）黄色人対白人という書き方はしないように、と言うのだよ。それから、書くなら英米とか、アングロサクソンとか言うようにしてほしいと言うのだね」という話を聞きこんでいる（伊藤『太平洋戦争日記㈠』、図1－3）。

図1-3 伊藤整．作家・評論家，昭和を代表する知識人文学者で，『太平洋戦争日記』全3巻（1983年）は，戦時下の世相や論壇，出版界の状況に関する貴重な記録である．写真は1954年（49歳）のもの（濱谷浩『濱谷浩写真集 学藝諸家』）．

事実、アジア・太平洋戦争を白色人種と有色人種との、あるいはアジアと欧米との人種戦争として位置づける論説は、検閲による厳しい取締りの対象となっていた。例えば、一二月一二日付の『日本学芸通信』第四二六四号に掲載された木下半治の論文、「有色人種解放の聖戦」は、「今次《こんじ》大東亜戦争をして単なる東亜諸民族解放の目的に止まるものに非《あら》ずして有色人種の白色人種に対する膺懲戦《ようちょうせん》なりとし今次戦争を人種戦なりと歪曲し居る」という理由で、二ページから三ページまでの削除処分をうけている。

また、翌四二年一月一二日の次官会議では、「米英等に於て今次戦争を人種戦争に誘導せんと謀略しつつあるに鑑み、爾今《じこん》攻撃の対象として「白人」なる字句は之を用ひざること」を正式に決定している。人種戦争論を禁圧する政府の狙いについては、少し後の史料になるが、四二年九月に情報局がラジオに対する検閲の指針として作成した『大東亜戦争しるべ』第一六集が参考になる。同書は、検閲の方針を次のように説明している（竹山昭子『史料が語る太平洋戦争下の放送』）。

敵の謀略宣伝の重点は、何と云つても、我国と盟邦との離間及び日ソ開戦挑発に置かれてゐる。であるから我方としては、苟《いやしく》も敵の謀略宣伝に乗るが如きことは固く戒めねばならない。（中略）日独離間を策して米英の流布する民族戦争説に対しては、此方《このほう》がこれを肯定したやうな字句（白人、土人）さへも使用することは不可であるし、又日本を讃美する余り独逸の悪口(とならぬまでも暗喩《あんゆ》の如きもの)をも言外することは好ましくない。

要するに、同盟国であるドイツやイタリアに対する配慮、さらには四一年四月に日ソ中立条約を締結しているソ連に対する配慮から、「欧米帝国主義」あるいは「白人帝国主義」のアジア支配からの解放という戦争目的を、日本政府は公然と掲げることはできなかった。そこにあるのは、あくまでパワー・ポリティクスの論理であり、「独立」や「解放」という大義名分は、その従属変数にすぎない。

フランスとの共同統治

見逃すことができないのは、フランスとの関係である。ドイツに敗北した後、フランスには、対独協力派のヴィシー政府が誕生する。日本政府は、四〇年八月に、そのヴィシー政府との間に「松岡＝アンリ協定」を締結している。協定の内容は、フランスが極東における日本の優越的地位を認め仏印への日本軍の進駐を容認する、それと引き換えに、日本は仏印全土に対するフランスの主権を尊重する、というものだった。したがって、日本軍による軍事的威圧の結果ではあるが、四〇年九月の北部仏印進駐も、翌四一年七月の南部仏印進駐も形の上では相互の協定に基づく進駐であったし、進駐後の日本軍は、フランスの植民地統治機関と共存・協力する関係にあった。

このことは、インドシナ地域の民族運動の側からみれば、日本とフランスは共犯関係にあることを意味する。実際、日本軍と仏印当局は、ともに民族運動の抑圧に力を注ぎ、この共同統治は、四五年三月に日本軍が武力行使に踏み切って仏印全土を占領するまで続いた。このことも、人種戦争論の抑制という点で、日本の戦争プロパガンダに大きな影響を与えたものと思われる。フランスと共同でインドシナを支配している日本が、アジアの解放を主張することには明らかな矛盾があるからである。

交戦相手のアメリカは国内に深刻な人種問題をかかえ、イギリスは有数の植民地保有大国だった。同時に中国は、アジアの大国である。そのことを考えるならば、人種戦争キャンペーンは、連合国内部の矛盾を突き、欧米列強の支援をうける中国の立場を微妙なものにさせるという意味で、効果的なプロパガンダになりえたはずである。しかし、実際にはそうはならなかった。三国同盟は日本にとって、政治的な足枷《あしかせ》でしかなかったともいえるだろう。

戦争目的の分裂

日本の戦争プロパガンダを混乱させたもう一つの要因は、政府の掲げる戦争目的自体が分裂していたことである。そもそも政府の戦争目的は、明らかに「あとづけ」の理屈にすぎなかった。四一年一一月二日、昭和天皇は東条首相に、戦争の「大義名分を如何《いか》に考うるや」と下問しているが、東条の奉答は、「目下研究中でありまして何《いず》れ奏上致します」というものだった。一一月四日の軍事参議院会議では、東久邇宮稔彦《ひがしくにのみやなるひこ》陸軍大将が、「大義名分を明かにし聖戦の趣旨を中外に示し、且国民をして感奮、国難に殉ぜしむることに関し所信を問う」と発言したが、ここでも東条陸相(首相の兼任)は、「戦争目的の顕現に関しては、具体的に如何に示すべきやに関し研究中なるも、唯今御前に於て確信を以て申す迄に至りあらず」と答弁するにとどまった。実質的な開戦決意をかためつつある時点での答弁であることに注目する必要がある。

こうした状況のなかで、実際に戦争が開始されると戦争目的をめぐる迷走が始まる。一二月八日の午前一一時四〇分に公表された宣戦の詔書では、米英による対日包囲網の強化が強調された上で、「帝国の存立亦正《またまさ》に危殆《きたい》に瀕《ひん》せり。事既に此に至る。帝国は今や自存自衛の為、蹶《けっ》然《ぜん》起つて一切の障礙《しょうがい》を破砕するの外なきなり」と宣言されている。明らかに、自衛のための戦争論である。

しかし、同日の午後七時三〇分から行なわれた奥村喜和男情報局次長のラジオ放送、「宣戦の布告に当り国民に愬《うった》う」では、アジアの解放のための戦争という位置づけが前面に出ている。次にその一部を引用するが、録音されたものを聞いてみても相当激越なアジテーションであることがよくわかる。

国民諸君、同胞諸君！　今将《まさ》に時は到ったのであります。われらの祖国日本は今、蹶然立って雄々しく戦いを開始いたしたのであります。(中略) 錦の御旗は南に、東に、北に、西に躍進し突進して、アジアの歴史を創るのであります。アジアを白人の手からアジア人自らの手に奪い回《かえ》すのであります。アジア人のアジアを創りあげるのであります。

しかし、この放送の概要を掲載した九日付の『朝日新聞』には、「白人」の文字はなく、「アングロサクソンの利己的支配」の「根絶」が強調されているだけである。政府部内における路線対立の存在をうかがわせる出来事である。

「大東亜戦争」の定義

続いて、一二月一〇日の大本営政府連絡会議では、「今次対米英戦争及今後情勢の推移に伴ひ生起することあるべき戦争は支那事変をも含め大東亜戦争と呼称す」と決定した。「生起することあるべき戦争」とは、既定のオランダとの戦争や対ソ戦のことをさすが、この決定にいう「大東亜戦争」とは、戦域を示す「単なる地域的呼称であり、戦争目的とは無関係」だった。戦争目的は、あくまで「自存自衛」であり、その結果としての「大東亜新秩序」の建設だったのである（原四郎『大戦略なき開戦』）。

ところが、一二月一二日の「情報局発表」は、「大東亜戦争と称するは、大東亜新秩序建設を目的とする戦争なることを意味するものにして、戦争地域を大東亜のみに限定する意味にあらず」と宣言した。ここでは、戦争目的は、「大東亜新秩序建設」、すなわち、アジア諸民族の解放と日本を盟主とした新秩序の建設にあるとされたのである。以後、政府の掲げる戦争目的は、戦局の推移とも関連しながら、「自存自衛」と「大東亜新秩序」建設、あるいは「大東亜共栄圏」建設との間を揺れ動くことになる。

その一方で、開戦直前の一一月二〇日に開催された大本営政府連絡会議は、「南方占領地行政実施要領」を決定し、占領地行政の基本方針を、「占領地に対しては差し当り軍政を実施し、治安の恢復《かいふく》、重要国防資源の急速獲得及作戦軍の自活確保に資す」ことに置いた。軍政の下で確実に重要国防資源を獲得し、現地軍に対しては、必要な物資の供給は行なわず現地自活主義をとるという意味である。その上で、同「要領」は、「国防資源取得と占領軍の現地自活の為民生に及ぼさざるを得ざる重圧は之を忍《しの》ばしめ」、「原住土民に対しては皇軍に対する信倚《しんい》（信じて頼ること）観念を助長せしむる如く指導し、其の独立運動は過早に誘発せしむることを避くる」ことなどを、あからさまに決めていた。戦争プロパガンダの面での揺れ動く戦争目的とはうらはらに、ここには日本側の明瞭な国家意思が示されている。東南アジアにおける重要戦略資源の軍事力による獲得である。

3　なぜ開戦を回避できなかったのか

次に、開戦に至る政治過程を、日本の政治システムの特質やその変化と関連させながら追跡してみよう。その際、念頭に置く必要があるのは、なぜ国力の面で圧倒的な格差のあるアメリカとの戦争を決意したのか、という問いである。

臨時軍事費による軍備拡充

国民総生産でみると、四一年の時点で、アメリカのそれは日本の一一・八三倍、工業生産力の大きな目安となる粗鋼生産力では一二・一一倍、自動車保有台数では一六〇・八〇倍、国内石油産出量では七七六・八四倍、人口でも一・八六倍である。

経済的な指標でみれば、無謀な戦争であることは明らかだが、それにもかかわらず軍部が戦争を決意した理由の一つは臨時軍事費による軍備の充実である。

臨時軍事費(臨軍費)とは、戦争遂行のための戦費であり、戦争の開始から終結までを一会計年度とする特別会計である。したがって、決算は戦争終結後に行なわれる。また、予算編成にあたっては、軍事機密を理由にして、大蔵省の審査も不充分な形でしか行なわれず、議会においても予算の細目が示されないため、申し訳程度の審議で原案がそのまま可決された。臨軍費は、議会はおろか政府のコントロールも完全には及ばない特殊な軍事予算だった。

このため、軍部の側からすれば、戦費として計上された予算のかなりの部分を軍備拡充費に転用することが可能となる。三七年七月に日中戦争が始まると、九月に召集された第七二臨時議会で臨時軍事費が成立し、以後、アジア・太平洋戦争の開戦までに、六次にわたる追加予算が成立、臨軍費の総額は、二五六億一八〇〇万円に達した。四〇年を例にとると、陸海軍省費・徴兵費に臨軍費を加えた直接軍事費の総額は七九億四七二〇万円、これに対して満州事変が始まった三一年の直接軍事費は、四億六一三〇万円である。

この巨額な臨軍費のかなりの部分を転用して、陸軍は対ソ軍備、海軍は対米軍備の充実に力を注いだ。その結果、アメリカの戦時体制への移行が遅れていたこともあって、開戦時の太平洋地域においては、日本の戦力はアメリカを凌駕《りょうが》していたのである。ここから、短期決戦に持ちこめば、英米を屈服させる見通しがあるという幻想が生まれることになる（吉田裕・森茂樹『アジア・太平洋戦争』）。

臨軍費の法的問題点

ただし、この時期の臨軍費には、法的な問題があった。近代日本の戦争史の中で、臨軍費が成立したのは、日清戦争、日露戦争、第一次世界大戦、日中戦争―アジア・太平洋戦争の四回だけである。このうち、前三者は正式の宣戦布告をした戦争である。ところが、日中戦争には、正式の宣戦布告がなく、国際法上は両国は戦争状態にならなかった。宣戦布告をした場合には、アメリカの中立法が適用され、アメリカからの軍需品の輸入がストップしてしまう可能性がある。この事態を恐れた日本政府は、宣戦布告を行なわず、日中間の武力衝突は、戦争ではなくあくまで「事変」であるという立場で押し通したのである。それにもかかわらず、戦費調達のため臨時軍事費特別会計を設定してしまったところに、そもそも無理があった。

アジア・太平洋戦争期の臨軍費には、さらに大きな問題があった。実は、この時期の臨軍費はすべて、日中戦争の臨時軍事費の追加予算として成立している。日中戦争期の臨軍費の法的根拠は、三七年九月に公布された臨時軍事費特別会計法だが、同法は「支那事変に関する臨時軍事費」に対象を限定している。それをアジア・太平洋戦争にまで拡大して適用するのは、法的根拠に乏しいといわざるをえない。

さすがに、開戦直後に開催された第七八臨時議会の貴族院予算委員会では、一二月一六日に、元蔵相の石渡荘太郎《いしわたそうたろう》議員が、「臨時軍事費は確か支那事変完遂の為の特別会計であったと思ふのです、(中略)大東亜戦争と云ふことに相成って来る所の臨時軍事費は、支那事変の継続と云ふ訳には、観念上行き兼ねると思ふ」と政府を追及しているが、これに対する賀屋興宣《かやおきのり》蔵相の答弁は、次のようなものだった。

大東亜戦争は支那事変が発展を致しまして、斯《かく》の如き事態に至りましたので、法律上の見解と致しまして、支那事変と大東亜戦争とは一体のものと考へて居ります。

法的にはかなりの強弁だが、日中戦争とアジア・太平洋戦争の連続性を軍事予算面から裏づける証言として、読むこともできるだろう。

中堅幕僚層の動向

こうして、日中戦争の実戦経験を積んだ強力な軍備を保有した軍部は、ジグザグの道をたどりながらも、しだいに対米英開戦の方向に向かい始めるが、対米英開戦の最大の推進力となったのは、参謀本部や陸軍省の中堅幕僚層だった。具体的にいえば、参謀本部第一部第二課(作戦部作戦課)の課長や作戦主任、陸軍省軍務局軍事課の課長や高級課員などの少佐から中佐、大佐クラスのエリート幕僚将校である。彼らの意図するところがそのまま国策となったわけではなかったが、開戦にかかわる重要国策決定過程の主導権を握っていたのは彼らだった。

また、陸軍の場合ほどでないにせよ、海軍にも同様の傾向が現われてくる。二一(大正一〇)年一二月調印の四カ国条約によって、日本政府が日英同盟から離脱すると、伝統的にイギリスからの軍事技術供与に大きく依存していた海軍は、新たな軍事的提携先としてドイツとの関係をしだいに強めていった。その結果、ナチス・ドイツの急速な軍事大国化にも幻惑されながら、三〇年代後半から四〇年代はじめにかけて、海軍の中堅幕僚層の間に親独派が台頭してくる。

彼らは、軍上層部と密接な連絡を保ちながら、三国同盟と武力南進の路線を推進してゆくのである(相澤淳『海軍の選択』)。

統帥権の独立

問題は、統帥権の独立に災いされて、政府が政治的策動をくり返す軍部を充分にコントロールできなかったことにある。統帥権とは軍隊に対する指揮・命令の権限のことをいうが、戦前の日本社会では、大日本帝国憲法(明治憲法)第一一条の「天皇は陸海軍を統帥す」という規定を根拠に、この統帥権は天皇が直接掌握する独自の大権であり、内閣や議会の関与を許さないものと理解されていた。

明治憲法上は、立法権・行政権・外交権などの天皇大権は、国務大臣の輔弼《ほひつ》(補佐)に基づいて行使されることになっており、統帥権だけが国務大臣の輔弼責任外にあるという明文上の規定は存在しない。それにもかかわらず、天皇親率の軍隊という思想の確立にともない、制度面でも統帥権の独立が実現されてゆく。一八七八(明治一一)年の参謀本部の陸軍省からの独立、一八九三(明治二六)年の軍令部の海軍省からの独立、一九〇〇(明治三三)年の陸海軍省官制の改正などがそれである。このうち陸海軍省官制の改正とは、陸海軍大臣の任用資格を現役の大将・中将に限定したものであり、この改正によって、いわゆる軍部大臣現役武官制が実現した。この制度は、一三(大正二)年の官制改正により、現役以外の大・中将の任用が可能となった。しかし、その後も現役以外の大・中将が陸海軍大臣に就任したことはなく、三六(昭和一一)年の官制の再改正で、制度上も軍部大臣現役武官制が復活する。

軍事官僚機構の実際のあり方をもう少し具体的にみてみよう。陸軍省と海軍省とは、人事・予算などの軍事行政を管掌し、そのトップである陸軍大臣・海軍大臣は、国務大臣として閣議に列席し、それぞれが天皇を輔弼する。陸海軍大臣は現役の大・中将であり、内閣の中にあって常に陸海軍の組織的利害の直接的な代弁者として行動する。

一方、参謀本部と軍令部(統帥部と総称)は、国防計画・作戦計画や実際の兵力使用に関する事項などを管掌し、そのトップである参謀総長と軍令部総長は、陸海軍の最高司令官である「大元帥」としての天皇をそれぞれ補佐する幕僚長である。この場合の補佐は、国務大臣による輔弼と区別して輔翼《ほよく》とよばれる。国務大臣は、憲法に規定のある輔弼責任者だが、参謀総長・軍令部総長は、憲法に明文の規定がない存在だからである。

軍事行政と統帥の二つにまたがる「統帥・軍政混成事項」については陸海軍大臣が管掌したが、国務大臣としての陸海軍大臣も統帥事項には関与できないのが原則であり、参謀本部・軍令部は、陸軍省・海軍省から完全に分立していた。以上が統帥権の独立の実態である。

国務と統帥との分裂

しかし、戦争指導という面からみてみると、統帥権の独立という制度には大きな欠陥があった。この制度の下では、政府の担う国務と統帥部の担う統帥とは、常に競合・対立し、統一した国家意思を形成する面で大きな困難があったからである。また、陸海軍省と参謀本部、軍令部という四つの機関が相互に分立しているという軍事官僚機構の特殊なあり方が、困難をいっそう助長した。

ところが、第一次世界大戦の勃発によって、総力戦という新しい戦争形態が出現すると、政府、軍部ともに、このような戦争指導体制の欠陥を強く自覚するようになる。総力戦の下では、単に軍事力だけではなく、その国のあらゆる人的・物的資源を一元的、統一的に総動員して戦争目的を達成することが要求されるようになり、ここから国務と統帥の分裂をどのような形で克服するかという問題が大きな政治課題として浮上してきたからである。

ここで問題となるのは、統帥権の独立だけではなく、首相の権限の弱さである。明治憲法は、国務各大臣による単独輔弼制を採用していた。国務各大臣が、所管の事項に関して直接天皇を輔弼するという制度である。このことは逆にいえば、内閣総理大臣が充分な権限を与えられていないことを意味する。内閣総理大臣は、内閣の首班として閣議を主宰するが、その地位は同輩者(国務大臣)中の第一人者にすぎず、各省の行政長官でもある各国務大臣に対して命令する権限を持たない。

したがって、首相中心の一元的な戦争指導体制を構築するためには、本来ならば明治憲法そのものの改正が必要だった。しかし、天皇が自ら定め国民に与えた「欽定《きんてい》憲法」であり、同時に「不磨《ふま》の大典」として絶対視されていたこの憲法の改正を、現実の政治日程にのぼせることは事実上不可能だった。また、統帥権の独立の制度的見直しにも、軍部の激しい抵抗が予想された。

その結果、実際にとられた政策は次のようなものとなった。第一には、内閣直属機関の設置による内閣機能の強化である。戦時統制経済の調査・立案にあたる総合国策機関としての企画院の設置(一九三七年)、言論や報道の指導・統制、戦時プロパガンダなどを管掌した情報局の設置(一九四〇年)等々がそれである。

大本営政府連絡会議・御前会議

第二には、大本営政府連絡会議と御前会議の開催である。大本営とは、戦時もしくは事変の際に設置される最高統帥機関だが、実質的には参謀本部が大本営陸軍部に、軍令部が大本営海軍部に改編される。日清戦争、日露戦争、日中戦争で設置され、日中戦争の場合は敗戦による廃止まで存続した。そして、重要国策の決定に際して、国務と統帥の統合・調整をはかるために、大本営と政府との間で開催されたのが大本営政府連絡会議であり、重要度の高い国策を決定する際には天皇が臨席して御前会議となった。大本営政府連絡会議の最初の開催は、三七年一一月だが、出席者は、参謀総長、軍令部総長、首相、陸相、海相、外相などである。

しかし、こうした一連の措置も、軍部に対するコントロールを強化し、戦争指導を一元化する決定打とはなりえなかった。

内閣直属機関の設置は確かに内閣の機能を強化はしたが、一面では内閣における現役軍人の発言力を強化する結果ともなった。日中戦争以降、陸海軍省を除く各省庁の高級官僚のポスト（勅任官・奏任官レベル）に現役軍人が就任するケースが急増する。現役軍人の「官界進出」とよばれる事態だが、その最大の進出先が企画院や情報局を擁する内閣だったのである（永井和『近代日本の軍部と政治』）。

大本営政府連絡会議の方はどうだろうか。開戦に至る過程でこの会議は、重要国策決定の機関としてその政治的比重を増大させた。また、第二次近衛文麿内閣（四〇年七月〜四一年七月）の松岡洋右外相のように個性的で精力的な国務大臣が列席する時は、むしろ軍部の側が外相に振りまわされることになった。しかし、連絡会議自体は、法的根拠を持たない連絡・調整機関にすぎなかったし、政府と軍部、陸軍と海軍といった国家諸機関の分立制そのものにメスが入れられたわけではまったくなかった。その結果、ここでの決定は常に折衷的で両論併記的な性格をおびることになる（吉沢南『戦争拡大の構図』）。

明治憲法体制の変質

同時に、大本営政府連絡会議、さらには御前会議の政治的比重が増すということは、軍部の政治的発言権の増大や国務大臣の輔弼責任の形骸化という事態と表裏の関係にあった。家永三郎『戦争責任』は、戦争終結過程とも関連させながら、連絡会議について次のように指摘している。

この会議で、統帥権に属しないことの明白な事項をふくむ重要な国策・国家意志が実質上決定されることとなり、特に重大な案件については、その結論を天皇の出席する御前会議に付して正式に決定するのが慣行となった。宣戦・講和は帝国憲法第一三条に定める広義の外交大権に属し、どのように考えても国務大臣の輔弼に専属する国務であるのに、開戦の決定も、終戦の決定も、参謀総長・軍令部総長が同意権・拒否権を行使する構成員として出席する御前会議でおこなわれた。（中略）宣戦の詔書、ポツダム宣言受諾（一九四五年）の詔書は、閣議に付し全国務大臣が副署していて、あたかも国務大臣の輔弼のみによって開戦・終戦の大権行使がなされたかのような形式をとっているけれど、それは御前会議の決定を追認するだけのセレモニーにすぎなかったと言ってよい。

開戦に至る過程をもう少し具体的にみてみると、連絡会議で決定された国策は、統帥事項を除いた政治・外交に関する事項だけが、閣議にかけられ、実質上は連絡会議決定の追認ではあるものの、そこで最終決定がなされる。統帥事項に関しては、参謀総長・軍令部総長が上奏して天皇の裁可をうけることによって正式決定となるが、「ことに一九四一年の重大決定は統帥事項が多く、連絡会議に出席していない閣僚はその全貌を知ることはなかった」とされている

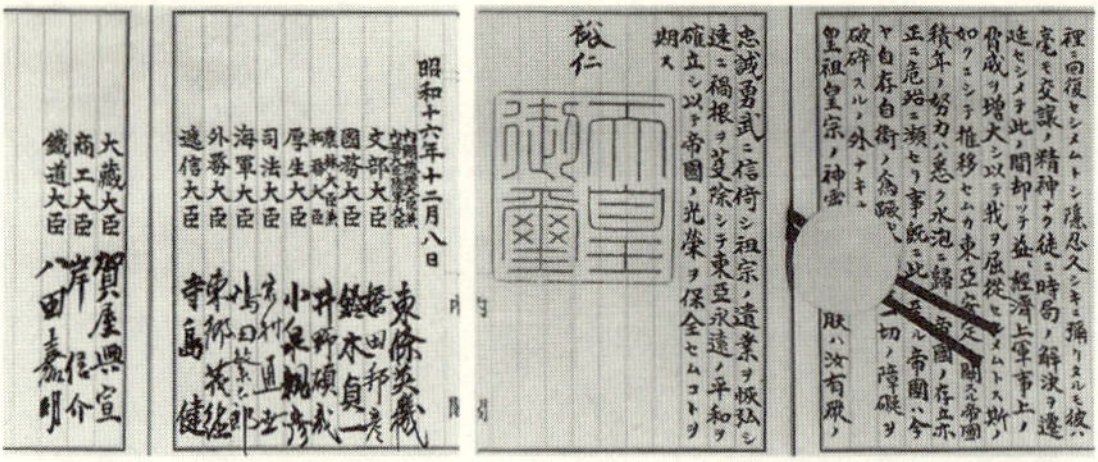

理ニ回復セシメムトシ隠忍久シキニ彌リタルモ彼ハ
毫モ交譲ノ精神ナク徒ニ時局ノ解決ヲ遷
延セシメテ此ノ間却ツテ益〻経済上軍事上ノ
脅威ヲ増大シ以テ我ヲ屈従セシメムトス斯ノ
如クニシテ推移セムカ東亜安定ニ関スル帝国
積年ノ努力ハ悉ク水泡ニ帰シ帝国ノ存立亦
正ニ危殆ニ瀕セリ事既ニ此ニ至ル帝国ハ今
ヤ自存自衛ノ為蹶 切ノ障礙ヲ
破砕スルノ外ナキナリ
皇祖皇宗ノ神霊 朕ハ汝有衆ノ
忠誠勇武ニ信倚シ祖宗ノ遺業ヲ恢弘シ
速ニ禍根ヲ芟除シテ東亜永遠ノ平和ヲ
確立シ以テ帝国ノ光栄ヲ保全セムコトヲ
期ス

裕仁

天皇御璽

昭和十六年十二月八日

東條英機
文部大臣 橋田邦彦
国務大臣 鈴木貞一
井野碩哉
厚生大臣 小泉親彦
司法大臣 岩村通世
海軍大臣 嶋田繁太郎
外務大臣 東郷茂徳
逓信大臣 寺島健
大蔵大臣 賀屋興宣
商工大臣 岸信介
鉄道大臣 八田嘉明

図 1-4　宣戦の詔書(部分)．天皇の署名と印(御名御璽)の後に国務大臣全員の副署がある．副署をした国務大臣のうち，東条英機は東京裁判で絞首刑となったが，賀屋興宣は終身刑の判決の後に釈放され，自民党の衆院議員となった．岸信介はA級戦犯容疑者のまま釈放され，1957年には首相となっている(佐々木隆爾ほか編『ドキュメント 真珠湾の日』)．

(波多野澄雄『幕僚たちの真珠湾』)。国務大臣の輔弼責任の形骸化は明らかである。

興味をひく事実は、この時期に枢密院の形骸化が進んだことである。枢密院は国務に関する天皇の最高諮問機関であり、皇室典範や憲法に関する事項、外交に関する事項などを諮詢《しじゅん》事項としていた。また、三八年の枢密院官制の改正にともない新たな諮詢事項が加えられたが、その中の一つに宣戦の布告があった。ところが、開戦に際して、枢密院の審査委員会に、「米国及英国に対する宣戦の布告の件」が付議されたのは、一二月八日の午前七時四〇分、すでに四時間ほど前に真珠湾に対する空襲が始まっていた。続いて、一〇時五〇分には、枢密院会議が開催され、一一時には、審査報告書をまとめる時間もないままに、審査委員長の口頭報告を全会一致で可決した。この間わずか一〇分間である。そして、これに先立つ九時二二分には、海軍の機動部隊は、ハワイ空襲から帰艦するすべての攻撃機の収容を終えていた。枢密院は完全に事後承認の機関となっていたのである。

このようにみてくると、国務大臣の輔弼責任の形骸化といい、枢密院への諮詢の形式化といい、アジア・太平洋の開戦決定には法的にも大きな瑕疵《かし》があったことがわかる。言葉を替えていえば、それは明治憲法体制が変質してゆく過程でもあった。

制度化されたセクショナリズム

くり返し述べてきたように、戦前の日本国家は、国家諸機関の分立制をその大きな特徴としていた。セクショナリズムは、いずれの国の官僚機構にも必ず発生する問題だが、日本の場合は、セクショナリズムが、いわば制度化されていたのである。この問題が政策決定過程に及ぼした影響を海軍を例にとって、考えてみよう。日米戦争ということになれば、その主役は海軍である。このことは、陸軍の側も充分に理解していて、海軍は本当に対米開戦を決意しているのか、あるいは対米戦に勝利する確信を持っているのか、という問題は、陸軍の重大な関心事だった。

しかし、内部に強硬な対米開戦論者をかかえこんでいるとはいえ、海軍全体のスタンスには微妙なものがあった。一九三七年に締結された日独伊防共協定を、より強固な軍事同盟に発展させようとする提議が三九年にドイツからあった時には、海軍の首脳部はこれに激しく抵抗した。ところが、三国同盟の締結に際しては、海軍は一転して腰くだけ状態となり、その締結に同調する。

当時、軍令部第一部長の要職にあった宇垣纏《うがきまとめ》少将は、この転換の理由について、対米関係の悪化を不可避とする三国同盟の締結は、海軍軍備の充実をもたらしたとして、「物資不足で、全く行きづまつて居た海軍の戦備は、幸か不幸か、之を機に進ませ得たので、条約締結の裏面の目的は、海軍としては、いや自分の願ふた点は、達したのである」と率直に書いている（宇垣『戦藻録』）。つまり、海軍軍備の充実という「裏面の目的」から三国同盟締結に賛成したわけである。

日中戦争の勃発によって、日本は全面的な統制経済・計画経済に移行していた。その要をなしていたのが、企画院が年度ごとに策定する石油、鉄鋼などの重要物資の需給計画である物資動員計画、いわゆる物動である。この物動は、「カネの予算」に対して「モノの予算」とよばれ、「モノの予算」に基づく重要物資の配分がなければ、軍備の拡充は不可能である。三国同盟の締結は、軍備の拡充を強く求める海軍にとって、物資の獲得という面では有利に作用したのである。

「カネの予算」に関しても同様である。日中戦争は陸軍中心の戦争であったため、臨時軍事費の配分は陸軍優先だった。三九年度の臨時軍事費の支出済額でみてみると、陸軍省所管の臨軍費は三七億三六五五万円、海軍省所管の臨軍費は一一億七七五万円である。それが、四一年度では、陸軍省所管は六三億八一九五万円、海軍省所管は三一億五〇七万円であり、海軍予算の急増がきわだっている。

なお、日中戦争期の臨時軍事費の予算科目は、陸軍費・海軍費・予備費の三つに区分されていたが、四〇年一二月開会の第七六議会で成立した第四次追加予算からは、陸軍費・海軍費の区分がなくなった。その理由について、河田烈《いさお》蔵相は、四一年一月の衆院予算委員会の秘密会で、「最近の国際間に於ける機微なる情勢に鑑みまして、防諜上秘匿の必要を認めましたので、陸海軍の区分を致さざることに致します」と説明している。明らかに、海軍の臨軍費の急増＝対米戦準備の本格化を外部に知られないための措置である。

海軍の開戦への傾斜

このように、国策よりも、自らの組織的利害を優先するという海軍の姿勢は、開戦決定に至る過程にもはっきりと現われている。森山優『日米開戦の政治過程』の巧みな表現を借りるならば、「海軍は、対英米開戦という無謀な選択を行なわない範囲で、その官僚的利害(対米戦備拡充)を追求するという、一見矛盾する方針」をとった。つまり、軍備拡充に必要な予算と物資とを獲得するため、武力南進政策を推進する、しかし、充分な勝算のない対米英戦はできれば回避したい、というのが海軍の本音だった。

とはいえ、武力南進政策は必然的に英米との関係を悪化させるし、軍備の拡充は、海軍部内における強硬論を勢いづかせる。また、多数の物資と予算を獲得している以上、他の組織に対して、対米戦には勝算がないとは明言しづらい政治状況も生まれてくる。最後の軍令部総長となった豊田副武《そえむ》は、海軍首脳が対米開戦反対を明言できなかった理由の一つとして、「海軍は長年大きな予算をもらって、機会あるごとに「海の護りは鉄壁だ。西部太平洋の防守は引受けた」と言っている手前、今となってにわかに自信がないなどとはどうしても言えない」という意見が部内に存在したことを指摘している(豊田『最後の帝国海軍』)。こうして、組織的利害を大きな起動力として動き始めた海軍は、部内の強硬派にも突きあげられながら、対米英戦を決意せざるをえない状況に追いこまれてゆく。日米戦争が、「海軍の戦争」として認識されていた以上、この海軍の開戦決意は、きわめて大きな意味を持った。

「能動的君主」としての天皇

開戦決定の過程では、昭和天皇とその側近を構成する宮中グループの動向も重要な意味を持った。天皇は国務大臣の輔弼に基づいて大権を行使するという点では、「受動的君主」だったが、明治憲法の規定に基づき、天皇の親裁によって最終的な国家意思が確定されるという手続きがとられている以上、天皇が自らの意思で大権を行使する「能動的君主」として立ち現われることを阻止することは制度上できなかった(安田浩『天皇の政治史』)。

時代の大きな転換期にあっては、政治路線の決定をめぐって、さまざまな政治勢力間での対立と抗争が激化する。そのような対立と抗争は、日本の政治システムの下では、国務と統帥との分裂に象徴されるように、国家諸機関相互の間での対立に連動し、最終的な国家意思の決定が著しく困難になる。そうした状況の下では、天皇自身が自らの政治的意思をさまざまな形で明らかにし、最終的な国家意思を確定するしかない局面が生まれてくる。事実、昭和天皇は、国務に対しても「能動的君主」として行動することがあり、国務と統帥の間の調整に関与した場合もあったのである(図1-5)。

さらに、統帥に関しては、「能動的君主」としての性格は、いっそう明確である。天皇は、参謀総長・軍令部総長が上奏する統帥命令を裁可し、天皇自身の判断で作戦計画の変更を求めることも少なくなかった。また、両総長の行なう作戦上奏、戦況上奏などを通じて、重要な軍事情報を入手し、全体の戦局を常に把握していた(山田朗『大元帥 昭和天皇』)。通常、統帥権の独立を楯にして、統帥部は首相や国務大臣に対して、重要な軍事情報を開示しない。陸海軍もまたお互いに対して情報を秘匿する傾向があった。こうしたなかにあって、天皇の下には最高度の軍事情報が集中されていた

図1-5 昭和天皇．当初は英米との協調路線を支持していたが，しだいに開戦論に傾斜していった．戦争責任の有無に関しては，今日もなお大きな見解の対立がある(『昭和天皇独白録 寺崎英成・御用掛日記』)．

のである。

天皇の開戦決意

その天皇は、いつ開戦を決意したのか。すでに述べたように、日本が実質的な開戦決定をしたのは、一一月五日の御前会議である。しかし、入江昭『太平洋戦争の起源』のように、九月六日説も存在する。この九月六日の御前会議で決定された「帝国国策遂行要領」では、「帝国は自存自衛を全うする為、対米（英蘭）戦争を辞せざる決意の下に、概ね十月下旬を目途とし戦争準備を完整す」ること（第一項）、「右に並行して米、英に対し外交の手段を尽して帝国の要求貫徹に努」めること（第二項）、そして、「十月上旬頃に至るも尚我要求を貫徹し得る目途なき場合においては、直ちに対米（英蘭）開戦を決意す」ること（第三項）、が決められていた。

九月六日の御前会議決定が重要な意味を持つのは、一〇月上旬という形で外交交渉の期限を設定してしまったからである。これによって、外交上の選択肢は著しく狭められることになった。それにもかかわらず、そうした無理のある決定をあえてしたのは、陸軍の要求をいれたからである。四一年六月の独ソ戦の勃発によって、陸軍は極東ソ連軍が対独戦のために西送されることを予期して、対ソ戦を決意する。そのため、すでに述べたように、演習という名目で、大規模な動員が行なわれ、満州に展開する関東軍は、約七〇万名に増強された。関東軍特種演習、いわゆる関特演である。

しかし、期待されたほどの極東ソ連軍の西送は行なわれず、八月九日に参謀本部は、年内の対ソ武力発動を断念する。それでも陸軍は、対ソ戦を断念したわけではなかった。対米英開戦をも決意しつつあった陸軍の作戦構想では、北方での大規模な作戦行動が不可能な冬季のうちに、英米に対する南方作戦を終了させ、翌四二年のドイツ軍の春季攻勢に呼応する形で、対ソ戦を開始することが想定されていた。日米交渉が長びき、対米英開戦の時期が遅れれば、この作戦構想の前提そのものが崩壊してしまう。陸軍が、外交交渉に期限をつけることにこだわったのは、そのためだった。そこには、軍事の論理によって外交が規定されてしまうという倒錯した関係が存在していた。

一一月五日の御前会議

このように、九月六日の御前会議の重要性は明らかだが、この時点で事実上開戦を決意したとするのには、やはり問題がある。なぜなら、この時点では、昭和天皇その人が対米英開戦に対して確信を持てないでいたからである。よく知られているように、昭和天皇は、御前会議の前日、杉山元《はじめ》参謀総長と永野《ながの》修身《おさみ》軍令部総長を召致して、対米英戦の勝算について厳しく問い質している。

また、九月六日の御前会議では、明治天皇の御製(和歌)、「四方《よも》の海みな同胞《はらから》と思ふ世になど波風の立ちさわぐらむ」を朗読して、過早な開戦決意を戒めている。

ただし、天皇は断固として開戦に反対していたわけではない。海軍の資料によれば、九月五日の両総長による内奏の際、「若《も》し徒《いたず》らに時日を遷延《せんえん》して足腰立たざるに及びて戦を強ひらるるも最早如何《いかん》ともなすこと能はざるなり」という永野軍令部総長の説明のすぐ後に、次のようなやりとりがあった(伊藤隆ほか編『高木惣吉　日記と情報(下)』)。

御上《おかみ》(天皇)　よし解つた(御気色和げり)。

近衛総理　明日の議題を変更致しますか。如何取計《とりはからい》ませうか。

御上　変更に及ばず。

永野自身の敗戦直後の回想にも、細部は多少異なるものの、「(永野の説明により)御気色和らぎたり。ここに於て、永野は「原案の一項と二項との順序を変更いたし申すべきや、否や」を奏聞せしが、御上は「それでは原案の順序でよし」とおおせられたり」とある(新名丈夫編『海軍戦争検討会議記録』)。ここでいう「原案」とは、翌日の御前会議でそのまま決定された「帝国国策遂行要領」の原案のことだが、その第一項は戦争準備の完整を、第二項は外交交渉による問題の解決を規定していた。永野の回想に従えば、その順番を入れ替えて、外交交渉優先の姿勢を明確にするという提案を天皇自身が退けていることになる。

また、九月五日の「沢本頼雄海軍次官日記」にも、「陛下も稍《ようやく》納得せられたる如く、(中略)

兎《と》も角《かく》、御聴許《ごちょうきょ》ありたり」とあるところをみると、勝算のない開戦決意には大きな危惧を抱きつつ、統帥部の主張にも耳を傾け始めているのがわかる。したがって、以後、主戦派の努力は、どのようにして天皇を説得し、開戦を決意させるかに向けられる。その具体的過程は、前掲『大元帥　昭和天皇』に詳しいが、その努力が実を結んだのが、一一月五日の御前会議だった。この時点では、天皇は、木戸幸一内大臣などの宮中グループによる助言をも受け入れながら、はっきりと戦争を決意していた。この日の『機密戦争日誌』には、「御上も御満足にて御決意益々鞏固《きょうこ》を加へられたるが如く拝察せられたり」と記されている。ここに、開戦という日本の国家意思が最終的に確定したのである。

戦争瀬戸際政策

日米交渉に臨む日本政府の基本政策は、戦争瀬戸際外交だったといえるだろう。戦争瀬戸際外交とは、外交上の危機に際して、戦争をも辞さないという強い意志をあえて示すことによって、相手側の譲歩や妥協を引き出す外交政策である。

この政策の実施にあたって日本政府は、強力な言論・報道統制と世論指導を行なった。まず、八月六日の閣議が、「国論昂揚に関する件」を閣議決定しているのが注目される。この閣議決定は、「帝国は現下英米特に米国の対日圧迫頗《すこぶ》る急なるに対応し、速《すみやか》に帝国の毅然たる態度を内外に明示すると共に国論の昂揚、特に国民の志気を最高度に発揚し、以て来るべき事態に備ふるは刻下緊急の要務たり」とした上で、「英米の不当なる対日圧迫に対し日本国民は断乎之

朝日新聞
見よ米反日の数々
帝國に確信あり
今ぞ一億國民團結せよ
對日包圍陣強化の事實
アメリカの謀略なりと
アメリカの野望の現はれ
優賞者七十一名
海軍將兵に輝く恩賞
生存者論功行賞
米國の陰險なる態度を
事實上斷絶狀態に入つ

図 **1-6**　『朝日新聞』1941 年 11 月 3 日付．10 月 18 日の東条内閣組閣の前後から，新聞には強硬な論調が目立つようになった．

を排撃抗争するの決意と気魄《きはく》とを内外に充溢《じゅういつ》せしむること」を決めていた。

続いて、一〇月三日には、検閲当局が検閲の基準である「対外関係記事取締要綱」を改訂した。改訂のポイントは、日本の譲歩にも限界があるとしてアメリカの対日政策を批判する記事や、自衛上、英米との衝突もあり得るとする記事を掲載可能事項としたことである。この時までの検閲は、日米交渉に対する配慮から、アメリカを過度に刺激するような記事は掲載しないという方針に基づいて行なわれていた。しかし、この改訂によって、「戦争に訴えることを示唆する記事は、検閲対象からはずれ、むしろ掲載可能事項として、宣伝誘導的な扱いに変わったのである」(中園裕『新聞検閲制度運用論』)。

こうした一連の措置によって、新聞や雑誌の記事は、強硬論を煽動する性格を強めてゆく。新聞を例にとると、「対日鬼面・米の腹の内をあばく」(『東京日日新聞』一九四一年一一月一日付)、「執拗な米国の対日敵性を衝く」(同三日付)、「米、すでに太平洋戦争を想定」(同六日付)、「米の認識改まらず、ここに太平洋の危機あり」(『朝日新聞』一一月二日付)、「見よ米反日の数々」(同三日付、図1-6)、といった形で、激しい論調の記事が連日一面トップに掲載された。これに比べると、アメリカ側の新聞報道はずっと抑制がきいていた(鈴木健二『戦争と新聞』)。

議会の強硬論

議会もまた強硬だった。一一月一五日には、第七七臨時議会が召集され、一八日には衆院本会議で決議=「国策完遂に関する件」が満場一致で可決された。決議の内容は、「敵性諸国」の敵対的行為に対して、「不動の国是に則り不抜の民意に信頼し敢然起つて」断乎たる行動に出ることを政府に強く求めたものである。この決議案の趣旨説明にあたった長老の政党政治家、島田俊雄は、「支那事変の完遂途上に横たわつて居る所の最大の障碍物が何であるか(「撃て」と呼ぶ者あり　拍手)「アメリカ」を主体とする敵性国家群の横槍から来て居るのである(拍手)」と名指しでアメリカを激しく非難しながら、「此処《ここ》まで来れば、もうやる外はないと云ふことが全国民の気分である」と結論づけた。

当時、陸軍省軍務課長だった佐藤賢了少将は、「新聞は包囲陣をどんどん報じており、米国の横車は感じられており」、全国民が「せっぱつまった気分に閉じこめられておったのだから、こうした世間の気分が島田議員をして以上のような激越な演説をさせたのであろう」と指摘している(佐藤『大東亜戦争回顧録』)。

問題は、こうした戦争瀬戸際外交の政治的帰結である。一つには、それが国内の強硬論をますますエスカレートさせるとともに、アメリカの対日政策を逆に硬化させたことがあげられる。アメリカの側からみれば、日本のメディアや議会の強硬論は、日本政府自身がすでに戦争を決意していることの表われと映るからである。日本のメディアが政府の全面的統制下にあることを考えるならば、このような受けとめは、ある意味で当然だった。

もう一つの政治的帰結は、国内における強硬論の煽動が、政策決定過程を逆規定したことである。海軍首脳の中に、対米開戦慎重論が存在したにもかかわらず、彼らが最終的に開戦に同調したのは、「進行している戦争政策を転換することによっておこる混乱を恐れた」からだった(藤原彰『太平洋戦争史論』)。具体的にいえば、対米戦回避のためには、中国問題での何らかの譲歩が必要となるが、そうした対米妥協政策が国民の憤激を買うだけでなく、強硬派によるクーデターや内乱を引きおこすのではないかという恐れである。

一言でいえば、内乱に対する恐怖であり、内乱を避けるために戦争を決意せざるを得ないという転倒した論理が、そこから生まれてくることになる。戦争瀬戸際外交は、国内的にも、日本政府を後もどりできない地点まで追いこんでゆく結果となったといえるだろう。

第2章　初期作戦の成功と東条内閣

1942年2月18日，戦捷第一次祝賀式の会場につめかける民衆．表情も明るく，まだ勝利を確信している（平和博物館を創る会編『銀座と戦争』）．

1　日本軍の軍事的勝利

南方作戦の展開

一九四一(昭和一六)年一二月八日、日本陸海軍の諸部隊は、いっせいに行動をおこした。日本軍の作戦計画では、開戦と同時に、マレー半島とフィリピンに進攻して両地域を占領し、その後、東西からまわりこむようにして、ボルネオ・セレベス・スマトラ島を攻略、最後に蘭印(オランダ領インドネシア)の中心であるジャワ島を占領して、蘭印の豊富な石油資源を手に入れるという計画だった。この南方作戦の主役は、海軍の支援をうけた陸軍の諸部隊である。

一連の作戦のうちで陸軍が特に重視していたのは、マレー半島とシンガポールの攻略だった。このため、マレー作戦用の輸送船には、新型の優速船があてられたのに対し、フィリピン作戦用には船齢の古い輸送船が充当された。アメリカの主力艦隊との艦隊決戦に備えて、まずアメリカの植民地であるフィリピンと米領のグァム島を攻略したい海軍とは異なり、陸軍にとってアジア・太平洋戦争とは、何よりも日英戦争を意味していたのである。

マレー作戦は、比較的順調に進み、マレー半島を南下した日本軍は、四二年二月には、シンガポールを陥落させた。一方、奇襲上陸で開始されたマレー作戦とは異なり、フィリピン作戦の方は、海軍の航空部隊による航空撃滅戦が行なわれた後に、陸上部隊を上陸させるという正攻法がとられた。作戦は当初は順調に進展し、日本軍は四二年一月にマニラを占領したが、米・フィリピン軍は、マニラの防衛を断念してバターン半島に撤退し、堅固な陣地にたてこもって抵抗した。バターン半島の重要性を認識していなかった日本軍は、その攻略に手まどり、兵力の増強により、四二年四月にようやく同半島を、続いて五月にはマニラ湾口のコレヒドール島を占領する。

この間、ボルネオ・セレベス・スマトラ島を攻略した日本軍は、四二年三月にはジャワ島に上陸し、短期間のうちに同島を占領した。また、ビルマ作戦は当初の計画をくりあげる形で実施に移され、同年三月に日本軍はラングーンを占領する。

真珠湾攻撃

他方、海軍の場合、最大の作戦は、四一年一二月八日の真珠湾攻撃である。六隻の正規空母を集中使用したこの奇襲攻撃によって、日本海軍はアメリカ太平洋艦隊の戦艦群に致命的な打撃を与え、太平洋艦隊による南方作戦の阻止行動を不可能にした。しかし、アメリカの空母群は、真珠湾に在泊していなかったため攻撃を免れ、主力艦や飛行場への攻撃だけを重視して、ドックや石油タンクなどへの攻撃を疎かにしたため、真珠湾の基地機能に大きな打撃を与えることはできなかった。また、交渉打ち切り通告前の奇襲攻撃は、「だまし討ち」としてアメリカ国民の憤激を買い、孤立主義的な空気の強かった世論を一変させた。

これによりアメリカ国民は、第二次世界大戦へのアメリカの参戦を強く支持するようになった。政治的には、この奇襲攻撃は、アメリカ国民の結束をかためさせたのである。

なお、ここで、「ルーズベルトの陰謀論」についても簡単に検討しておきたい。陰謀論とは、アメリカ大統領のルーズベルトは、孤立主義の伝統が強いアメリカ国内の世論を転換させて、第二次世界大戦に参戦するため、日本の真珠湾攻撃を事前に知りながら、あえてこれを放置し、日本軍による「だまし討ち」を成功させた、というものである。しかし、通信諜報などによって、日本が戦争を決意したこと、東南アジアで軍事行動を開始したことをルーズベルトが事前に知っていたのは事実だが、真珠湾攻撃を事前に知っていたことを示す一次史料は存在しない。この陰謀論が成り立たないことに関しては、秦郁彦編『検証・真珠湾の謎と真実』など、多くの研究がある。

真珠湾に続いて、一二月一〇日には、日本軍のマレー作戦を阻止するために出動したイギリス極東艦隊の戦艦、「プリンス・オヴ・ウェールズ」と「レパルス」に対して、第二二航空戦隊の九六式陸上攻撃機と一式陸上攻撃機が攻撃をくわえ、この二隻を撃沈した。真珠湾攻撃が碇泊中の無警戒な戦艦群に対する航空攻撃であったのに対し、このマレー沖海戦は、海上を機動しながら対空戦闘を行なう戦艦を撃沈した最初の航空戦であり、大艦巨砲主義時代の終焉と航空戦力が主役となる時代の到来をつげる画期的な戦闘だった。

一方、海軍の艦艇部隊は、四二年二月のバリ島沖海戦やスラバヤ沖海戦などに勝利して、制海権を完全に掌握した。また、海軍は、陸軍と協同して、開戦と同時に中部太平洋のグァム島などを攻略し、四二年二月には、連合艦隊(日本海軍の主力部隊)の前進根拠地であるトラック島防衛のための前哨基地として、南太平洋のニューブリテン島にあるラバウルを攻略した。こうして、四二年五月までに、日本軍は東南アジアと中・南部太平洋の広大な地域を占領して、連合軍を圧倒したのである。

勝利のかげで

初期作戦は日本軍の圧勝に終わったとはいえ、危機の予兆はすでに現われ始めていた。

海軍の機動部隊から発進した航空部隊が真珠湾を攻撃していた時、真珠湾のあるオアフ島付近には、二五隻もの日本海軍の大型潜水艦が配備されていた。開戦時の保有潜水艦数は六四隻だから、その四割がこの海域に集結していたことになる。このうち五隻は、二人乗りの小型潜航艇(甲標的)各一隻を搭載した特別攻撃隊であり、合計五隻の小型潜航艇を発進させて湾内の米軍艦艇を攻撃した。五隻全部が未帰還となったが、少なくとも一隻が湾内に進入して米戦艦に魚雷一発を命中させていたことが、航空写真の解析により確認されている(『毎日新聞』一九九九年一二月七日付)。

他の二〇隻の任務は偵察と真珠湾から出撃してくる米軍艦艇の攻撃だったが、米軍の対潜部隊に制圧されて、まったく戦果をあげることができず、逆に一隻を失った。真珠湾攻撃は潜水艦部隊による攻撃としては、完全な失敗に終わっていたのである（野村実『海戦史に学ぶ』）。

アジア・太平洋戦争では、米海軍の潜水艦部隊は、攻撃を商船・タンカーなどに集中して、日本の海上交通路に致命的な打撃を与えた。これに対して、日本海軍の潜水艦部隊は、主目標を米海軍艦艇においたため充分な戦果をあげることができず、逆に強力な対潜能力を持つ米海軍の「返り討ち」にあって壊滅した。真珠湾攻撃における潜水艦作戦の失敗は、日本海軍潜水艦部隊の運命を暗示するものだった。

マレー沖海戦でも、撃墜された陸攻機は三機にすぎなかったが、不時着大破＝一機、中破＝二機、被弾機＝二五機に達し、帰還機の被弾率は四〇％をこえた。それだけ連合軍の対空兵装は強力であり、防禦砲火は濃密だった。それにもかかわらず、「緒戦の第一戦で平均被弾率四割強を数えたこの貴重な戦訓は、大戦果に眩惑されて詳細に検討されなかった」（巌谷二三男『中攻』）。そして、その後、一年もしないうちに、連合軍艦船の防空能力のいっそうの向上によって、陸攻機による白昼攻撃は、事実上不可能となる。連合軍の戦闘機群による迎撃もあって、白昼攻撃をかける陸攻機は、ほとんど撃墜されることになったからである。事実、四二年八月から始まるガダルカナル島をめぐる攻防戦ではソロモン海域は文字通り陸攻機の「墓場」となった。

米軍の過小評価

小規模な戦闘であるとはいえ、四一年一二月の中部太平洋のウェーキ島をめぐる攻防戦も重要である。この時、海軍は、三度にわたる空爆の後に上陸作戦を開始したが、わずか四機のＦ４戦闘機と三つの砲台からの反撃をうけ、駆逐艦二隻が撃沈されて、上陸作戦は完全な失敗に終わった。面子を完全につぶされた海軍は、その後、兵力を増強した上で再度の上陸作戦を強行し、一二月末に同島をようやく占領する。

このウェーキ島攻略作戦は、離島をめぐる攻防戦の場合には、制空権の掌握が決定的な意味を持つことをあらためて明らかにした。同時に、孤立した小兵力の守備隊が、効果的な反撃を加えつつ上陸作戦を阻止した事実は、アメリカ海兵隊の戦意と能力が日本軍の予想以上に高いことを示していた。しかし、日本軍は、その戦訓から何も学ばなかった。日本陸軍が、アメリカ軍に対する認識を改めるのは、ずっと後になってからのことである。

陸軍がバターン半島攻略戦に手まどったことについては、すでにふれたが、ビルマ作戦やフィリピン作戦でも、戦車戦のなかで見逃すことのできない蹉《さ》跌《てつ》が生じていた。戦車同士の戦闘では、日本軍の主力戦車である九七式中戦車や九五式軽戦車は、米軍のＭ３軽戦車に苦戦を余儀なくされた。装甲の面でも、搭載砲の貫通力の面でも、米軍戦車の対戦車戦能力の方が日本軍を上まわっていたからである。米軍は、アジア・太平洋戦争の中期になると、いっそう強力なＭ４中戦車を戦線に投入してくるが、もはやこの段階では、日本の戦車兵にとって九七式中戦車や九五式軽戦車は、「鉄の棺桶」にすぎなかった。

欧州戦線での変化

危機の予兆は、より大きな局面でも生じていた。ヨーロッパ情勢の変化である。開戦直前の四一年一一月一五日に、大本営政府連絡会議で決定された「対米英蘭蔣戦争終末促進に関する腹案」は、政府レベルでの戦争終結構想を成文化した、ほとんど唯一の政策文書として知られているが、その「方針」には次のように述べられている。

> 速《すみやか》に極東に於ける米英蘭の根拠を覆滅《ふくめつ》して自存自衛を確立するとともに、更に積極的措置に依り蔣政権の屈伏を促進し、独伊と提携して先づ英の屈服を図り、米の継戦意志を喪失せしむるに勉む。

つまり、南方作戦によって日本の戦略的自給圏を確保して不敗の態勢を確立するとともに、蔣介石《しょうかいせき》政権への圧力を強化する、他方で独・伊と軍事的に連携しながら、まずイギリスを屈服させ、それによってアメリカ国民の戦意を喪失させて講和に持ちこむ、というシナリオである。当時、一九四〇年のバトル・オヴ・ブリテンに敗北したナチス・ドイツは英本土上陸作戦を断念し、鉾先を東に転じて四一年六月には独ソ戦を開始していた。この「腹案」の前提にある戦略的見通しとは、独ソ戦は短期間のうちにドイツの勝利に終わり、ソ連は崩壊する、独ソ戦の勝利によって戦略的態勢を強化したドイツは、続いてイギリスを屈服させる、というものだった。

確かに、スターリン体制下での大量粛清の結果、ソ連軍が弱体化していたこともあって、ドイツ軍の進撃は急であり、一一月末には、首都モスクワまで三三キロの地点に到達していた。しかし、そこまでだった。死にもの狂いの反撃によってドイツ軍の総攻撃を挫折させたソ連軍は、一二月上旬には反撃に転じ、ドイツ軍を押しもどし始めた。アジア・太平洋戦争が始まったのは、まさにその時だった。日本の軍事戦略の前提そのものが、静かに崩れ始めていたのである。

長期持久戦への移行

日本軍の軍事的侵攻能力が限界に達していた中国戦線では、日本軍はすでに長期持久態勢に移行していた。一九四〇年の時点では、日本軍の兵力数を面積で割った兵力密度は、華北を一とした時、武漢地区は九、揚子江下流域は三・五、華南は三・九だった。中国共産党指揮下の八路軍がゲリラ戦を展開する華北では、「高度分散配置」がとられていたのに対して、国民政府の中央正規軍と対峙する武漢地区では、集中配備がなされていたのである(加藤陽子『徴兵制と近代日本』)。

「高度分散配置」については、少し説明がいる。四〇年夏の時点で、華北に駐屯する北支那方面軍では、警備地区一平方キロメートルあたりわずか〇・三七名の兵力密度しかなく、一個大隊の兵力で平均二五〇〇平方キロメートルの地域を警備していた計算になる。日本軍の警備部隊は、その地域内の要所要所に下級将校か下士官を長とする一個分隊以下の兵力で守備する小拠点陣地を構築し、数個の小拠点陣地に一つの割合で、一個小隊(六〇名程度)から一個中隊(二〇〇名程度)規模の機動兵力を、警備本部直轄の兵力として配備するという方式をとった。この方式が「高度分散配置」である(山田朗「兵士たちの日中戦争」)。

アジア・太平洋戦争の開戦に向けて、四一年八月には、海軍が中国方面での大規模な航空作戦を打ち切るという深刻な影響が現われ始めてはいたが、開戦時における陸軍兵力(航空部隊を除く)は、満州・朝鮮＝七三万名、中国＝六二万名、南方＝三九万名、日本本土・台湾・樺太＝三八万名であり、依然として中国戦線には、多数の日本軍がいわば張りつけられていたのである(防衛庁防衛研修所戦史室『戦史叢書 大本営陸軍部〈3〉』)。

開戦後の中国戦線

開戦と同時に、中国戦線の日本軍は、抗日運動の拠点となっていた上海などの租界を接収するとともに、香港攻略戦を開始し、四一年一二月末には、同地を占領した。同時に、香港攻略戦に策応するため、一二月下旬からは第二次長沙作戦が開始され、中国軍の激しい抵抗を排して日本軍は長沙に進入したが、逆に中国軍によって包囲され、撤退を余儀なくされる。悪戦苦闘の末、日本軍は原駐地に帰還したが、この第二次長沙作戦は、中国軍の戦力と戦意には、あなどりがたいものがあることを示したのである。

一方、民衆の支持をうけながらゲリラ戦を展開する八路軍に対抗するため、華北の日本軍は、八路軍の支配下にある「敵性部落」に対する「燼滅《じんめつ》作戦」をくり返し実施した。中国側のいう「三光作戦」である。この作戦は、村民の殺害、部落の焼却、生産財や食料の掠奪・破壊などによって、抗日部落そのものを消滅させることを目的にした軍事行動であり、きわめて組織的な戦争犯罪である。また、作戦の過程で発生した日本軍将兵による性暴力も深刻な問題だった（笠原十九司『南京事件と三光作戦』）。

さらに、「燼滅作戦」と並行する形で行なわれたのが「無人区」政策である。これは、民衆と八路軍との結びつきを絶つために、民衆をその居住する村から強制的に移住させて、外部から遮断された無住地帯をつくりあげるという治安政策である。こうした過酷な治安戦の展開は、中国民衆の抗日意識を奮いたたせた面もあったが、八路軍に大きな打撃を与えたのも確かである。事実、四一年から四二年にかけて、八路軍の支配下にある華北の解放区＝抗日根拠地の人口は四〇〇〇万人から二五〇〇万人に減少したといわれる（石島紀之『中国抗日戦争史』）。

2　「東条独裁」の成立

戦勝にわく国民

一二月八日午前七時の時報の後、ラジオは突然、「大本営陸海軍部十二月八日午前六時発表、帝国陸海軍は本八日未明、西太平洋において米英軍と戦闘状態に入れり」とのニュースを流し、「ラジオのスイッチをお切りにならぬ様に」という注意喚起の放送をくり返した。その後、この日のラジオ放送は、五回の定時ニュースと一〇回の臨時ニュースを通じて、戦況や政府声明、東条首相の演説などを次々に報じ、国民を熱狂させた。鉄道員の小長谷三郎は、この日の日記に、「来る可《べ》きものが遂に来た。何時しか来るぞと予期して居たものが遂に来た」、「若き我等は血湧き立つばかりである」、「個人主義的な一切の気持ちは何処かへすっ飛んでしまった。そして愛国的な民族的な大きな気持に支配されてしまった」と書きつけている（『横浜の空襲と戦災2』）。日中戦争の長期化に倦《う》み、アメリカの対日政策の硬化にいらだちを感じていた国民は、アジア・太平洋戦争の開戦を熱狂的に支持したのである。

その後の戦局の展開は、「大本営発表」という形で国民に伝えられた。「大本営発表」とは、大本営陸軍部報道部と大本営海軍部報道部とが行なう戦況報道のことである。当初は二つの報道部が別個に、あるいは合同の形で発表していたが、四二年一月からは、陸軍部、海軍部の区別がなくなり、「大本営発表」に統一された。「臨時ニュースを申し上げます、臨時ニュースを申し上げます」というアナウンサーの声が流れると、ラジオの前に集まり、「大本営発表」に耳をそばだてる、というのが戦時下の国民生活だった。

こうしたなかで、政府は、四二年二月一五日のシンガポール陥落をうけて、一八日に「戦捷第一次祝賀式」を開催した（本章扉写真参照）。当日の正午、東条首相はラジオに登場し、「茲に戦勝第一次祝賀に当り、謹んで聖寿の万歳を寿《ことほ》ぎ奉《たてまつ》ります。天地も揺げとばかり御唱和を願います。天皇陛下万歳、万歳、万歳」と国民に訴え、これに応えて全国の国民が、ラジオの前で万歳を三唱した。

この日、東京では、皇居前広場に集まった十数万の国民の前に、午後一時五五分、天皇が姿を現わした。軍服の天皇は、白馬、「白雪」に乗って二重橋の上に立ち、国民の万歳の声に挙手の礼をもって応えたのである。国民の熱狂は頂点に達した。続いて、二時一〇分には、皇后が皇太子と三人の内親王（天皇・皇后の娘）を伴って姿を現わしている。天皇・皇后が直接国民の歓呼に応えたのは、三八年一〇月の武漢陥落祝賀式以来のことだが、武漢陥落の時は、昼間に天皇が、夜に天皇と皇后が姿をみせたのに対し、今回は、天皇と皇后・皇太子・内親王とが別々に登場している。「天皇は大元帥の、皇后は「国母」の役割」を分担して果たすという見事な演出である（原武史『皇居前広場』）。

当時、酒は配給制であり、なかなか手に入らなかったが、政府はこの祝賀式に向けて酒の特配措置をとったため、街には酒が出回った。作家の永井荷風は、この日の日記に、「此日酒屋にては朝より酒を売るがため、酔漢、到処《いたるところ》に放歌嘔吐をなす」と書きとめている（永井『断腸亭日乗　五』）。国民は文字通り、戦勝に酔っていたのである。同時に、この段階では、天皇自身も戦局について、きわめて楽観的な見通しを持っていたことを確認しておきたい。四一年一二月二五日、昭和天皇は侍従の小倉庫次《おぐらくらじ》に、「平和克復後は南洋を見たし、日本の領土となる処なれば支障なからむ」などと語っているのである(「小倉庫次侍従日記」)。天皇は、「対米英蘭蔣戦争終末促進に関する腹案」に示されたような軍部による戦争終結構想を、ほとんどそのまま受け入れていたようにみえる。

戦争のヒーロー

政府はまた、戦争のヒーローをつくりあげることにも力を注いだ。「九軍神」がその典型である。四二年三月六日の大本営発表は、真珠湾攻撃に際して五隻の小型潜航艇に二人ずつ乗り組み、米軍艦艇を攻撃して全艇が未帰還となった海軍の特別攻撃隊の作戦を詳しく報じた。一〇名の隊員のうち、実際には一名の将校が米軍の捕虜となっていたが、その事実は伏せられたまま、戦死した九名の隊員の「史上空前の壮挙」がたたえられたのである。以後、新聞やラジオは、岩佐直治大尉以下九名の将兵(将校四名、下士官五名)を「九軍神」としてたたえる大キャンペーンを展開してゆく。

注目する必要があるのは、日露戦争の時代との違いである。日露戦争時の代表的軍神である橘周太《たちばなしゅうた》少佐(戦死後、中佐に進級)や広瀬武夫少佐(同上)は、三〇代後半から四〇代初めの中堅将校である。これに対して「九軍神」は、最年長でも満二九歳、最年少は二一歳である。戦死した時点での階級も最も高い者で大尉であり、半数は下士官だった。つまり、壮年の指揮官から青年の将兵への「軍神」像の転換である(山室建徳「軍神論」)。時代は、若者の大量死の時代にふさわしい新しいヒーローを必要としていたのである。

なお、「九軍神」の一人である上田定兵曹長の故郷、広島県千代田町には、定の母さくが、自分の村から軍神が出たことを誇りに思い大変めでたいことだとしてお祝いの挨拶に訪れた村長に対して、「あなたにはおめでたいことかもしれませんが、わたしにとっては大事な息子の定を国に捧げたことは全然めでたいことではありません。あなたには息子を無くした母親の気持ちはわからんでしょう、もう何も言わないで帰って下さい」と怒りをあらわにしたという話が今でも語りつがれている（新谷尚紀「慰霊と軍神」）。

東条内閣の強さの源泉

開戦前の四一年一〇月に成立した東条内閣は、当初から「強力内閣」だった。現役の陸軍大将である東条首相が、内務大臣（内相）のほか、陸軍大臣を兼任していたからである。また、「東条の副官」と陰口をたたかれたほど、海相の嶋田繁太郎海軍大将との協力関係も緊密だった。陸海軍に対する統制という面では、東条首相は従来にない大きな権限を持っていたのである。

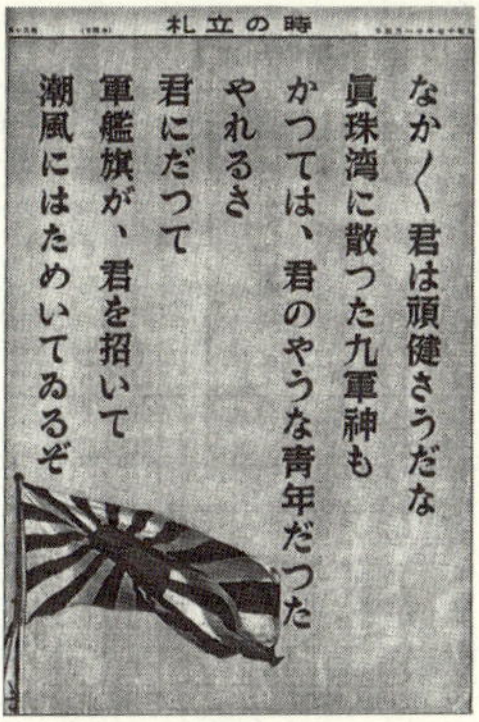

図 **2-1**　青年に九軍神に続くことを訴える政府の広報誌（『写真週報』1942年11月4日号）．岩田豊雄（作家，獅子文六の本名）は，九軍神の1人，横山正治中尉をモデルにした小説，『海軍』を『朝日新聞』に連載して空前のブームとなった．

政治資金の面でも、東条首相は有利な立場にあった。陸相として陸軍省の機密費を自由に使うことができたからである。この点については、いくつかの証言がある。例えば、元陸軍省軍務局軍事課予算班長の加登川幸太郎は、「何に使ったかわからんけど、東条さんが総理大臣になった時、(中略)三百万円という機密費三口を内閣書記官長に渡せ、と来るんだね。(中略)あの頃二百万円あったら飛行機の工場が一つ建ったんだから」と回想している(若松会編『陸軍経理部よもやま話』)。また、かなり後の時期のことになるが、元陸軍中佐で陸軍省軍務局勤務の経歴を持つ稲葉正夫も、四四年の東条内閣総辞職の直前、首相が「内閣改造により政権安定工作に奔走しておられた頃、三〇〇〇万円の令達を命ぜられ直ちに赤松秘書官に渡された。しかし事志《ことこころざし》と違《たが》い、挂冠《かいかん》〔辞職のこと〕の止むなきに至り万事休した後、赤松秘書官が「もう要らなくなつたよ」と、二〇〇〇万円位と記憶するが、返納されたことである」と回想している(稲葉「臨時軍事費一千億の行方」『文藝春秋臨時増刊　読本・現代史』一九五四年)。

なお、臨時軍事費中の機密費の支出済額をみてみると、四二年段階で、陸軍省＝四六五五万円、海軍省＝二五六〇万円、四四年段階で、陸軍省＝一億二五四九万円、海軍省＝一八六五万円であり、陸軍省が機密費を潤沢に使用していたことがわかる。

東条の対宮中工作

東条首相の政治資金の潤沢さについては、四四年一〇月一五日に、反東条運動の中心となっていた政党政治家の鳩山一郎が、近衛文麿と吉田茂(戦後の首相)との会談の中で語っている内容が参考になる。同席していた細川護貞《もりさだ》は、その内容を次のように記録している（『細川日記』）。

一体に宮内省奥向に東条礼讃者あるは、附け届けが極めて巧妙なりし為なりとの話〔鳩山より〕出で、例えば秩父、高松両殿下に自動車を秘かに献上し、枢密顧問官には会毎に食物、衣服等の御土産あり、中に各顧問官夫々《それぞれ》のイニシアル入りの万年筆等も交りありたりと。又牧野〔伸顕《のぶあき》元内大臣〕の所には、常に今も尚贈り物ある由。

この後、鳩山は、「東条の持てる金は十六億円なり」と語り、近衛は東条の資金源は、中国でのアヘンの密売からあがる収益だと指摘している。アヘン密売との関係については確証がないが、四六年七月の国際検察局による尋問の中で、近衛の側近の富田健治が、東条はアヘン売買の収益金一〇億円を鈴木貞一陸軍中将（興亜院政務部長）から受けとったという噂があると指摘している。興亜院は、アヘンの生産と流通に深くかかわった官庁である。皇族への「附け届け」については、史料的に確認することができる。四二年一二月三〇日付の「東久邇宮稔彦日記」に、「この度、陸軍大臣より各皇族に自動車をさし上げる事となれり」とあり、この日、東久邇宮のところには、陸軍省関係者から、アメリカ製の自動車が届けられているからである。

日記によれば、この自動車は陸軍がジャワ島で押収したものだとされている。いずれにせよ、東条がかなり豊富な政治資金を有していたのは、確かなことのようだ。

そして、東条内閣の最大の政治的資産としては、天皇の強い支持と信頼とを獲得していたことがあげられる。東条首相が天皇の信頼をかちえることができたのは、東条が天皇の意向を直接国政に反映させようと常に努力したからである。東条は、重要な政策決定に際しては、小まめに内奏をくり返し、事前に天皇の意向を確認した上で、政治的決断を行なうという政治スタイルを崩さなかった。

敗戦後になっても、天皇の東条への信頼は変わらなかった。敗戦直後に、天皇の直話を基にして側近が作成した「昭和天皇独白録」は、今日では、東京裁判向けの天皇の弁明の書として知られている。この「独白録」の中で、天皇は東条内閣を支持し続けた理由についてさまざまな弁明を試みているが、「元来、東条と云ふ人物は、話せばよく判る」、「東条は一生懸命仕事をやるし、平素云つてゐることも思慮周密で中〻良い処があつた」、「私は東条に同情してゐる」といった天皇の発言からは、天皇の東条に対する信頼の厚さを読みとることができる（『昭和天皇独白録　寺崎英成・御用掛日記』）。

国内支配体制の強化

初期作戦の成功は、東条内閣の政治的威信をさらに強化することになった。特に、四二年二月一五日のシンガポール陥落は、輝かしい戦勝を象徴する出来事として、議会にも大きな影響を及ぼした。折から開会中の第七九議会は、緊急本会議の開催を決定し、翌一六日の衆院本会議では、東条首相が登壇し、「畏《かしこ》くも宣戦の大詔渙発《かんぱつ》せられまするや、開戦劈頭忽ち《へきとうたちま》にして米英艦隊の主力を屠《ほふ》り、僅《わず》か二旬にして香港を、三旬にして「マニラ」を、而して七旬を出でずして「シンガポール」を攻略し（拍手）、茲に米英両国の多年に亘る東亜侵略の三大拠点は挙げて我が占領する所となったのであります（拍手）。今や皇軍は、（中略）人類史上未だ曾《かっ》て見ざる大規模の作戦に従事しつつあるのであります（拍手）」と演説した。当時、衆院書記官長だった大木操《みさお》は、東条演説に対する議会の反応について、「満堂の万雷の拍手と共に、口々に叫ぶ歓声は議事堂を揺がすばかりの勢いであった。わずか二十分くらいの発言中一息つくごとに何と四十回に近い拍手と歓声が湧き上がるという異常風景で、その昂奮のうちに皇軍に対する感謝決議をして散会した」と書いている（大木『激動の衆議院秘話』）。戦勝は、東条内閣の政治的威信を著しくたかめたのである。

こうした状況のなかで、東条内閣は国内の治安体制の強化に大きな力を注いだ。すでに、開戦直後の四一年一二月には、言論出版集会結社等臨時取締法が公布されていた。すべての結社・集会を届出制から許可制に改め、出版物などへの当局の取締権限を強化した法律である。続いて、四二年二月には、戦時刑事特別法が公布された。この法律は、「燈火管制中又は敵襲の危険」がある場合などの犯罪行為を厳しく取り締まるとともに、「国政の変乱」罪、生活必需品の買い占め・売り惜しみ罪などを新設した治安立法である。同法はまた、同時に公布された裁判所構成法戦時特例と一体となって、被疑者や被告人の権利を大きく制限したという点でも、重要な意味を持った。

翼賛選挙

政治体制の面では、四二年四月に実施された翼賛選挙が重要である。三七年四月に実施された第二〇回総選挙以来、総選挙は一度も実施されていなかった。衆議院議員の任期も四一年四月に満了していたが、第二次近衛内閣は、特別法によって議員の任期を一年延長することを決定していた。日中戦争の長期化にともなう国民のさまざまな不満が選挙を通じて噴出することを恐れたからだろう。

東条内閣は、戦勝による政治的威信の増大を背景に、総選挙の実施に踏み切った。翼賛選挙とよばれるこの選挙では、従来の選挙とは異なり、推薦制が導入された。事実上の官製団体である翼賛政治体制協議会が、議員定数いっぱいの四六六名の候補者を推薦するという方式である。選挙運動の過程では、非推薦候補に対する露骨な選挙干渉が行なわれた反面、推薦候補に対しては、政府の全面的な支援が与えられた。元東京憲兵隊長の大谷敬二郎によれば、推薦候補には、「一人あたり、五千円の選挙費用が政府から渡されたが、この選挙費用はことごとく臨軍費から出ていたといわれる」(大谷『昭和憲兵史』)。ここでもまた、臨軍費である。

選挙結果は次のようなものだった。まず、推薦候補の当選者数は三八一名で、当選率は八一・八％にも達した。その一方で、戦時議会内の自由主義的反主流派である同交会（議会内の政治会派の一つ）などは、大きく議席を減らした。同交会は、戦争そのものに反対していたわけではなかったが、議会の位置づけや国民生活の問題では、独自の立場をとっていた。また、新人議員の数も一九九名に達したが、これは二五（大正一四）年に普通選挙法が成立し、男子の普通選挙が実現して以来、最高の当選者数である。このことは、この翼賛選挙によって、既成政党の基盤がかなり掘りくずされたことを意味していた。さらに、激しい選挙干渉にもかかわらず、八五名の非推薦候補が当選したことにも注目する必要がある。そこには翼賛選挙に対する国民の批判が一定程度反映されていたからである。しかし、非推薦候補の当選者の中には、同交会に所属する候補者も含まれてはいたが、主力は右翼の諸グループの候補者だった。これらの右翼グループは、東条内閣に対する右からの批判勢力を形成することになる。

翼賛選挙によって、議会の掌握に成功した東条内閣は、翌五月、翼賛政治会を発足させた。同会は、衆議院議員のほとんどすべて、貴族院議員の大部分が加盟した政治結社であり、同会以外の政治会派は禁止されたため、同交会なども解散に追いこまれた。これによって、事実上、一国一党にほとんど近いような政治状況が生まれたのである。

部落会・町内会・隣組

国民生活に対する統制も一段と強化された。開戦前の四〇年九月、内務省は、「部落会町内会隣保班市町村常会整備要綱」を各府県に通達し、部落会・町内会・隣保班(隣組)の全国的整備を指示した。部落会や町内会の基礎単位である隣組は、一〇戸前後で一つ組織される行政補助組織であり、国債消化・貯蓄強制・金属回収・防空演習・出征する兵士の歓送・戦死者の公葬などの国民動員政策を末端で担っていた。常会は、定期的に開催される会合であり、隣組常会には各戸から一人、部落常会・町内常会には隣組長などが出席して、この場を通じて政府の決定した政策が各家庭にまで浸透していったのである。また、部落会・町内会・隣組は、生活必需品の配給ルートとしても機能していたので、これらの組織への参加や協力をこばむことは事実上不可能だった。

さらに、四二年八月に、政府は、部落会・町内会に大政翼賛会の世話役を、隣組には世話人を置くことを決定し、実際の人選に際しては、部落会長・町内会長と世話役を、隣組長と世話人を、一致させる方針がとられた。これによって、大政翼賛会を中心にした一元的な国民動員網が、組織上は完成されたのである。

この時期の政治体制をファシズム体制の成立としてとらえるか否かについては、議論が分かれている。大政翼賛会や翼賛政治会の成立によっても、ナチス・ドイツのような一元的な政治支配体制は実現しなかったという見方も存在しているからである。しかし、ここでは、増田知子の見解に従って、近代日本の立憲主義的政治体制を解体して成立し、天皇制イデオロギーによって、国民を画一的に組織化することに成功した全体主義的国家体制を、ナチス・ドイツ型とは異なる日本型ファシズム体制としてとらえることにしたい（増田「「立憲制」の帰結とファシズム」）。

　さらに、東条内閣期の政治を考える上で、忘れてならないのは憲兵の存在である。憲兵は軍隊内の取締りにあたる軍事警察だが、一般の国民に対して警察権を行使する場合もあった。問題は、この憲兵が陸軍大臣に直属していたことであり、海軍には憲兵が存在しなかったため、海軍の軍人の取締りも陸軍の憲兵が担当した。東条は、三五年九月から三七年二月まで、満州国の治安体制の要に位置していた関東憲兵隊司令官の職にあって、辣腕をふるった経歴を持つ。そして、その時に高級副官をつとめた四《し》方諒二《かたりょうじ》大佐が四二年八月に東京憲兵隊長に就任すると、陸軍大臣を兼任していた東条首相の意をうけた「憲兵政治」が横行するようになった。憲兵は、国内における反戦運動や反軍的・厭戦的気運の弾圧だけでなく、東条内閣の政敵の監視や弾圧にも狂奔するようになる。憲兵の「私兵化」である。この「憲兵政治」は、東条のイメー

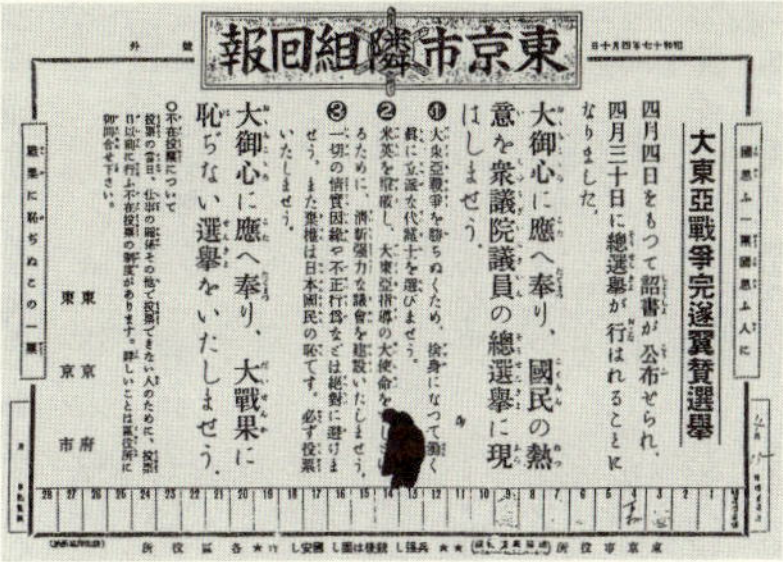
昭和十七年四月十日　號外
東京市隣組回報
大東亞戰爭完遂翼賛選擧
四月四日をもつて詔書が公布ぜられ、四月三十日に總選擧が行はれることになりました。
大御心に應へ奉り、國民の熱意を衆議院議員の總選擧に現はしませう。
❶大東亞戰爭を勝ちぬくため、挺身になつて働く眞に立派な代議士を選びませう。
❷米英を撃滅し、大東亞指導の大使命を…るために、清新強力な議會を建設いたしませう。
❸一切の情實因緣や不正行爲などは絶對に避けませう。また棄權は日本國民の恥です。必ず投票いたしませう。
大御心に應へ奉り、大戰果に恥ぢない選擧をいたしませう。
○不在投票について
投票の當日、仕事の關係その他で投票できない人のために、投票日以前に行ふ不在投票の制度があります。詳しいことは區役所に御問合せ下さい。
東京府
東京市
選擧に恥ぢぬこの一票

図 **2-2**　政府の政策を各家庭にまで徹底するために，隣組内では各戸に回覧板がまわされた．写真は，1942 年 4 月の翼賛選挙への投票をよびかける東京市の回覧板（江波戸昭『戦時生活と隣組回覧板』）．

ジを確かに陰惨なものとした。

総力戦の時代の政治指導者

東条首相に関しては、「独裁者」というイメージとともに、瑣末な形式主義や精神主義に終始して、国民に直接アピールする力を持たなかった官僚政治家というイメージが根強く存在している。例えば、林茂・辻清明編『日本内閣史録4』は、「東条の独裁は徒に法制的権限のみを強化し、上から命令すればこと足れりとしていた。総力戦遂行のためには、たとえ擬似的であれ、下からの自発的努力を喚起することが重要であるゆえんをまったく理解していなかったというべきであろう」と書いている。しかし、こうした評価はやや一面的である。

第一に、東条は、映像・音声メディアが急速に発達した時代の政治家であり、そうしたメディアを意識的に利用した最初の政治家でもあった。三九年に制定された映画法は、映画館にニュース映画の上映を義務づけていたが、翌四〇年四月には、国策会社としての日本ニュース映画社が設立され、同社の製作する「日本ニュース」が全国の映画館で上映されることになった。東条は、「日本ニュース」にたびたび登場したが、特に、その第八一号(検閲合格日＝四一年一二月二三日)で、日本国民は、衆議院の本会議(第七八臨時議会)で演説する首相の姿を初めて目にすることになる。この時から、ニュースカメラによる院内撮影が認められるようになったからである(『別冊　一億人の昭和史　日本ニュース映画史』)。

ラジオ放送も同様である。首相の施政方針演説のラジオ放送が初めて実現したのは、第七七臨時議会開会中の四一年一一月一七日のことだった。翌一八日付の『朝日新聞』は、この放送について、「語調は荘重、音声は溌剌、東条首相の肉声が十七日午後七時、電波にのつて全国津々浦々に突入した、十余年来待望の〝議会の声〟放送が録音ではあるが実現したのだ」と報じている。

開戦の日の一二月八日、東条首相は、「大詔を拝し奉りて」と題したラジオ放送を行ない、開戦後も、くり返しラジオに登場した。その活動は、「或は官邸のマイクを通じ、或は講演会等よりの中継により屢々《しばしば》放送し、常に一億進軍の陣頭に立つ気迫と熱意とを示したことは国民の斉《ひと》しく感激せる所である」と評されている（日本放送協会編『ラジオ年鑑　昭和十八年版』）。三四年度の全世帯あたりのラジオ普及率は一五・五％、それが、四一年度には、四五・八％にまで急増していたから、ラジオの影響力には大きなものがあった。東条は、そのことを自覚していたのだろう。

行動する指導者

第二に、東条は、絶えず国民の前に姿を現わし、率先して行動し決断する戦時指導者という強烈なイメージを自らつくり出そうとしていた。東条の行動力については、当時のマスコミの注目するところでもあり、「キビ〱とやつてのけるのは〔東条の〕独擅場《どくせんじょう》であ」り、「忙しく立ち働く点では、歴代政治家に見られなかつた長所と推賞するに躊躇しない」といった論調がみられる(矢部周「東条内閣の第一課題」『文藝春秋』一九四一年一二月号)。

また、国民の視線に常に自らをさらすというのも、東条の一貫した姿勢だった。東条は、移動や視察に際してオープンカーを常用したが、これには政権の内部にも批判があった。内閣官房総務課長だった稲田周一は、「当時ドイツのヒットラーは未だ全盛でオープンの自動車に乗って到る処を威圧していた。東条はヒットラー気取りをしていると云って評判は悪かった」としながら、東条首相にオープンカーを使用しないよう進言したと回想している(『稲田周一手記　写8　東条内閣』)。しかし、東条は最後までオープンカーにこだわり続けた。『東条内閣総理大臣機密記録』をみてみると、九州視察中の四二年三月三一日の記録に、「鹿児島市にて総理の自動車は「オープン」を用ふ」とあり、以後、「自動車(オープン)」という記事がくり返し現われてくる。また、六月二二日の記事に、「自動車オープン。途中より雨となるもオープンの儘にて官邸帰着」とあるのも、興味をひく。東条のこだわりが伝わってくるからである。

東条首相のこうしたパフォーマンスを端的に示しているのが、しばしば事前の予告なしに行なわれた官庁・配給機関などに対する現状視察であり、国民の実際の生活を知るための民情視察だった。これらの視察の目的は、末端の行政機関や下級官吏の不熱心で非効率的な「お役所仕事」をただちに改善させ、国民生活の現実を正確に把握して政策に反映させるところにあるとされた。また、マスコミも、首相の抜き打ち視察を大きくとりあげた。例えば、四二年八月一八日付の『読売報知』は、「忙中忙を求める東条さん」、「割引市電で街の視察　鋭い観察力と推理力の種は正確なメモ　拾った民情必ず〝決済〟」という見出しの記事を掲載し、「キビキビした政務の処理、そして電撃的な民情視察……国民は曾てこれほど〝首相〟を身近に感じたことはなかつた。……とにかく、そこに新しい一つの〝指導者の型〟が打出されてゐるのは確かだ」と論じている。

しかし、行政上の効果よりは、現状視察、民情視察の実際の狙いは、果断に行動する戦時指導者というイメージをつくり出すところにあったというべきだろう。事実、「抜き打ち」、「奇襲」などとされながらも、視察の詳しい状況や現場の写真まで新聞には掲載されているのだから、事前もしくは事後に、首相官邸の側から各新聞社へ何らかの連絡があったのは間違いない。

東条の資質

同時に、東条自身にも、時代が必要としたある種の政治的資質が備わっていたように感じられる。首相候補者として何度も名前があがった陸軍の長老、宇垣一成《うがきかずしげ》大将は、東条内閣が成立した四一年一〇月一八日付の日記に、東条について、「陸軍大臣や、総理になつた時の様子を見ると、何かと芝居がかりの点が多い。かねて聞いてゐたが、東条の家は元々能狂言の筋だといふから、これも尤《もっと》もだらう」と書いている（『宇垣一成日記3』）。事実、東条の曾祖父は、能楽宝生《ほうしょう》流の出であったといわれている。宇垣は、東条の政治家としての巧みな演出能力を冷やかな眼で観察していたのである。

時代が必要とする才能という点では、元大本営陸軍部報道部長の松村秀逸《しゅういつ》が、典型的な軍事官僚である梅津《うめづ》美治郎《よしじろう》大将と対比させながら、次のように書いているのも参考になる(松村『大本営発表』)。

〔東条は〕何でも陣頭指揮で、事に当つては、ハッキリと自分の意志を示し、進むべき方向を明らかにした。(中略)梅津さんは、むしろ陣後指揮だつた。煮えきらないところがあつた。こんなところが、梅津さんと比べて、東条さんの方が、当時の風潮にあつていたのかも知れないし、人気があつたのかも知れない。

総力戦の時代は、多数の国民の積極的な戦争協力を必要不可欠なものとする。そうした時代にあっては、力強い言葉と行動で、直接国民に訴えかけるタイプの政治指導者が求められる。東条は、そのことをよく理解していた。四三年九月二三日、東条は側近に次のように語っている(前掲『東条内閣総理大臣機密記録』)。

国民の大多数は灰色である。一部少数の者がとかく批判的言動を弄するものである。そこで国民を率ひてゆく者としては、此の大多数の灰色の国民をしつかり摑んでぐんぐん引きずつてゆくことが大切である。大多数の灰色は指導者が白と云へば又右と云へばその通りに付いてくる。自然に白になる様に放つておけば百年河清を待つものである。

東条の芝居がかったパフォーマンス、特にたびかさなる民情視察は、識者の反発と顰蹙《ひんしゅく》をかった。特に、東条が住宅街のゴミ箱をチェックして、まだ食べられるものや再生可能なものが捨ててあると非難したことは多くの国民の失笑をかった。首相として他にやるべきことはないのかという批判である。

当時、東京憲兵隊特高課長の塚本誠中佐は、先の『読売報知』の「忙中忙を求める東条さん」を読んで、「彼のやるべきことは何かという批判は当時識者の中に相当ひろがっている」、「新聞がこうした提灯持《ちょうちんも》ちとも感じられる記事を少ない紙面の中で大きく取り上げるのは逆効果になる」と考え、正力松太郎《しょうりきまつたろう》社長を訪ね注意を促したところ、すでに批判の投書がきていると打ち明けられたという（塚本『ある情報将校の記録』）。

民衆の東条支持熱

重要なことは、知識人の反発にもかかわらず、一般の国民が東条を強く支持していたことである。自由主義的な外交評論家として知られる清沢洌《きよし》は、四二年一二月九日の日記に、「東条首相は朝から晩まで演説、訪問、街頭慰問をして五、六人分の仕

図 2-3　「日本ニュース」第 130 号（1942 年 12 月）に登場して，国民の団結を訴える東条首相（『別冊一億人の昭和史　日本ニュース映画史』）．東条首相は，映像メディアの徹底した利用によって，国民一人ひとりに顔を覚えられた最初の首相となったといえるかもしれない．

事をしている。その結果、非常に評判がいい。総理大臣の最高任務として、そういうことを国民が要求している証拠だ」と書きつけている（清沢『暗黒日記』）。また、清沢は、東条内閣総辞職後の四四年七月二二日の日記にも、「一般民衆は東条の評判がいいとのこと。例の街に出て水戸黄門式のことをやるのがいいのだろう」と書いている。

実際、東条首相は、各地で国民に熱烈に歓迎された。四二年七月二七日、大阪の中央公会堂で開催された「大東亜戦争完遂国民総力結集大講演会」の折には、講演を終えて退場する東条首相を熱狂した群衆がとりかこんだ。二八日付の『朝日新聞』は、その場の状況を、「熱狂した数千の聴衆は帽子、扇子を打ち振り〳〵、〃万歳々々〃と歓声をあげ、（中略）あつといふ間に東条さんを取り囲む。「しつかりやります、やりますとも」「米英撃滅だ、東条閣下お願ひします」「東条首相万歳」と群がる市民は熱狂して全く感激のるつぼだ」と報じている。これが誇張でないことは、同日の首相秘書官の記録に、「公会堂発」、「総理自動車会衆の圧倒的歓迎に取り囲まれ約十分、会衆の中を徐行す」とあることからもわかる(前掲『東条内閣総理大臣機密記録』)。

さらに、東条に関するすぐれた評伝をまとめた作家の保阪正康も、この頃の東条について、「東京・四谷のある地区では、東条が毎朝、馬に乗って散歩するのが知れわたり、その姿を一目見ようと路地の間で待つ人がいた。東条の乗馬姿を見ると、その日は僥倖《ぎょうこう》に恵まれるという〈神話〉が生まれた」と書いている。東条は、一般の国民にとって、「救国の英雄」だった(保阪『東条英機と天皇の時代(下)』)。

「東条独裁」の限界

こうして、東条首相は、初期作戦の成功を背景にして、大きな権力を掌握することになったが、この「東条独裁」にも大きな限界があった。一つには、それが、天皇・宮中グループの強力な支持を背景にしていた政権だったことである。東条首相は、内奏を通じて天皇の意思を常に確認し、それを国政に反映させようと努力した。そして、そのことを通じて、天皇やその側近の絶大な信頼を獲得していった。こうした支持と信頼とは、東条内閣の政治的威信を著しく強化した。しかし、そのことは、天皇・宮中グループの信任が去れば、この内閣が求心力を失うことを意味してもいた。

一方、戦争という非常事態に際して、論理的な選択肢の一つとしては、天皇の主体的・積極的な決断によって、一元的な戦争指導を実現するという路線がありえた。「能動的君主」としての天皇が「親政」を行なうという路線である。しかし、この場合は、天皇は現実の生々しい政治の世界から超越した存在であるという天皇制の建前が名実ともにくずれ、決断にともなう政治的責任を天皇自身が引き受けざるをえなくなる。そうした事態を避けつつ戦争指導の一元化を実現するためには、天皇や宮中グループにとっても、東条内閣を強力にバック・アップしながら、権力の実際の執行は、東条にゆだねるというのが、最も現実的な選択肢となった。江口圭一『十五年戦争小史』が指摘しているように、この時期の「最高権力は昭和天皇以下の宮中グループと東条以下の軍部とによって相互依存的に分有されていた」のである。

第二に、東条内閣は国家諸機関の分立制や国務と統帥の分裂の問題を制度的に解決できていたわけではなかった。東条首相が実際になしとげることができたのは、陸相の兼任によって首相の権限を実質的に強化するという措置でしかなかった。東条自身も、四三年五月二一日付のメモの中で、「政府と統帥部との協調、又陸海両軍の協調に就《つい》ては、其の円滑を期するため、従来の数多《あまた》の事例にも鑑み、組閣当初より苦心を払ひたる最大のものにして、組閣に当り総理大臣と陸相を兼ぬるの処置を採りしも此の顧慮に出づ」としながら、「過去の一ケ年半中には、政務の施行中最も頭を悩めしは此の点にして、時に「堪へられず」と窃《ひそ》かに感じたる場合もなしとせざりき」と結論づけていた(前掲『東条内閣総理大臣機密記録』)。この内閣においても、統帥権の独立や国家諸機関の分立制は、国務上、最大の癌となっていたのである。

第3章　戦局の転換

1942年10月，ガダルカナル島への増援作戦中に米軍機の攻撃をうけて，同島海岸に擱坐した九州丸．陸軍に徴用された新鋭の高速貨物船だった(毎日新聞社)．

1　連合軍による反攻の開始

統一した戦略の欠如

初期作戦の成功がほぼ確定的となるなかで、大本営政府連絡会議は、一九四二(昭和一七)年三月七日に「今後採るべき戦争指導の大綱」を決定(最終決定は九日)、続く三月九日には「世界情勢判断」を決定した。しかし、この二つの決定には、大きな問題がはらまれていた。「今後採るべき戦争指導の大綱」の最大の問題点は、陸海軍間における統一した戦略の欠如である。陸軍は、初期作戦の終了後は、石油などの戦略的資源の開発と日本本土への輸送に力を注ぎながら、南方戦線では持久戦の態勢へ移行することを重視していた。南方作戦終了後、北方で対ソ戦を開始することを計画していたからである。

一方、アメリカとの国力の大きな格差から、長期戦に自信の持てない海軍は、積極的な攻勢作戦の連続的な実施によって、アメリカに短期決戦を強要し、アメリカ国民の戦意を喪失させることを基本戦略としていた。その結果、この「大綱」では、「英を屈伏し米の戦意を喪失せしむる為、引続き既得の戦果を拡充して長期不敗の政戦態勢を整へつつ、機を見て積極的の方策を講ず」と決められた。要するに、戦略的重点の曖昧な折衷案である。

「世界情勢判断」については、連合軍の本格的な反攻作戦が開始される時期を、「概ね昭和十八年以降なるべし」と予想しているところに問題があった。実際には、米軍の反攻作戦は、四二年夏に開始されたからである。

ミッドウェー海戦の敗北

この間、四二年一月に大本営は、ニューギニアの攻略を指示しており、三月にはニューギニア東部のラエ、サラモアを日本軍が占領した。続いて、第四艦隊が護衛する日本軍の輸送船団が連合軍の重要拠点であるポートモレスビーの攻略に向かったが、この時、日米の機動部隊の間で生起したのが珊瑚《さんご》海《かい》海戦である。五月七日から八日にかけて戦われたこの海戦は、史上最初の空母同士の戦闘であり、アメリカ側は、空母「レキシントン」が沈没、「ヨークタウン」も損傷をうけ、日本側は小型空母「祥鳳《しょうほう》」が沈没、「翔鶴《しょうかく》」が大破した。戦術的には日本軍がやや優勢な戦闘だったが、日本軍は海上からのポートモレスビー攻略作戦の延期を余儀なくされ、戦略的には敗北した。また、大破した「翔鶴」と多数の艦載機を失った「瑞鶴《ずいかく》」の二空母は、ともに一カ月後のミッドウェー海戦に参加できなかったが、米海軍は「ヨークタウン」の修理を短期間で終えて、戦列に復帰させた。このことは、ミッドウェー海戦の命運をわけることになった。

初期作戦終了後も、引き続き攻勢を続けることを主張していた海軍が計画したのが、ミッドウェー攻略作戦である。その主目的は反撃に出てくるはずのアメリカ主力艦隊の撃滅にあったが、ドゥーリットル中佐の率いる爆撃隊による日本本土の初空襲も、この作戦の実施に大きな影響を与えた。四月一八日、空母「ホーネット」から発艦した一六機のB25が、東京・横浜・名古屋・神戸などを爆撃する。海軍は、アメリカの機動部隊を事前に発見していたが、米軍が、航続距離の長い双発の爆撃機B25を空母から発進させるという思い切った手段に出たため、攻撃は完全な奇襲となった。当時、中学三年生だった作家の吉村昭の兄は、米軍機を目撃し近くの交番にかけこんだところ、警官は、「流言蜚語《りゅうげんひご》を飛ばすな。ブタ箱に投げ込むぞ」と激怒して彼の胸倉をつかみ、空襲警報が鳴ってから、ようやく解放したという(吉村昭『東京の戦争』)。

この空襲で面子を完全につぶされた海軍は、米機動部隊の再度の攻撃を阻止するため、日本本土の哨戒ラインをさらに東側に延伸する必要にせまられた。そのための前哨基地の確保という点からも、ミッドウェー島の攻略が必要とされるようになったのである。

日本海軍は、ミッドウェー攻略作戦に虎の子の正規空母四隻を投入したが、日本軍の暗号を解読することによって攻撃を事前に知っていた米海軍は、三隻の正規空母を配備して日本軍を待ちうけていた。六月五日、日本軍のミッドウェー島に対する空襲で始まった戦闘は、当初、日本軍優位のうちに推移していたが、米海軍の急降下爆撃隊に隙をつかれ、たちまちのうちに、「赤城《あかぎ》」「加賀《かが》」「蒼龍《そうりゅう》」の三空母を失った。残された「飛龍《ひりゅう》」の反撃によって、米空母「ヨークタウン」を大破させたが(後、日本軍の潜水艦の攻撃により沈没)、「飛龍」も米軍機の攻撃で沈没し、結局、このミッドウェー海戦は日本海軍の大敗に終わった。

初期作戦の大勝からくる驕《おご》りにくわえて、日本海軍の偵察能力の低さ、暗号解読など情報戦での立ち遅れ、ダメージ・コントロール(被弾した際の損害修復能力)の不備などを敗因として指摘することができる。

ガダルカナル島をめぐる攻防

ミッドウェー海戦に敗れたとはいっても、空母も含めて日本陸海軍の総合戦力は米軍をやや上まわっていた。こうしたなかで、ガダルカナル島をめぐる激しい攻防戦が始まることになる。大本営は、攻勢作戦を求める海軍の強い要望をいれて、ミッドウェー作戦とともにFS作戦を計画していた。この作戦は、アメリカとオーストラリア間の連絡線を遮断するため、ニューカレドニア、フィジー、サモア諸島を攻略しようとしたものである。作戦そのものは、ミッドウェー海戦の敗北によって中止となったが、FS作戦のための前進基地として、海軍は、ソロモン諸島のガダルカナル島に飛行場を建設していた。ところが、飛行場が概成した直後の八月七日に、米軍の海兵一個師団がガダルカナル島に上陸してくる。連合軍も日本軍の米豪遮断作戦を恐れていたのである。以後、この地域の制空・制海権をめぐって激しい航空戦や海戦が何度も行なわれ、陸軍も、一木《いちき》支隊、川口支隊、第二師団、第三八師団を逐次投入した。しかし、海軍の根拠地であるラバウルから約一一〇〇キロも離れた遠隔地での戦闘という不利な状況もあって、しだいに日本軍は、制空・制海権を米軍に奪われ、陸上兵力による総攻撃もすべて失敗した。四二年一二月三一日、大本営は、ついに同島からの撤退を決定する。

この戦闘での日本陸軍の戦死者は二万一〇〇〇名、アメリカ陸軍と海兵隊の戦死者は一七九六名、地上戦における日本軍の完敗は明らかである。これに対して、海軍の艦艇の損失は、日本側＝一三万五〇〇〇トン（戦艦二、軽空母一、重巡洋艦三、軽巡洋艦一、駆逐艦一一、潜水艦六）、アメリカ側＝一二万六〇〇〇トン（空母二、重巡六、軽巡二、駆逐艦一四）、航空機の損失は、日本側＝約六二〇機、アメリカ側＝六一四機であり、ほぼ互角である（河野仁「アメリカとの遭遇」）。

戦力比の逆転

しかし、この損失は、戦争経済が本格的に稼動し始め、戦力を急速に充実させつつあったアメリカより、日本にとって決定的なダメージとなった。特に初期作戦の成功を支えてきた熟練した航空機搭乗員を多数失ったことは、致命的だった。また、ガダルカナル島への輸送作戦のため、多数の新鋭輸送船を失ったことも、日本の戦争経済に大きな打撃を与えた。日本軍の輸送船の多くは民間の商船を徴用して軍用に改造したものだが、その商船の喪失が相つぐようになったのである（本章扉写真参照）。開戦以来、四二年九月までの日本商船（五〇〇総トン以上）の喪失トン数は、月平均六万一〇〇〇トンだった。それが、ガダルカナル島への大規模輸送が開始された一〇月には、一六万五〇〇〇トンに、一一月には一五万九〇〇〇トンに急増している（大井篤『海上護衛戦』）。

さらに、陸軍の戦死者二万一〇〇〇名の内実が問題である。このうち、直接の戦闘による戦死者は五〇〇〇〜六〇〇〇名にすぎず、残りは、「栄養失調症、熱帯性マラリア、下痢及び脚《かっ》気《け》等によるもので、その原因は実に補給の不十分に基づく体力の自然消耗によるもの」と推定されている（防衛庁防衛研修所戦史室『戦史叢書　南太平洋陸軍作戦〈2〉』）。つまり、戦死者のうちの約七〇％は、船舶による食糧や医薬品の補給が断たれた状況下で生じた広義の餓死者だった。

図**3-1**　折り重なる日本兵の死体．日本陸軍は，ガダルカナル島で米軍との本格的戦闘を初めて経験し完敗したが，その戦訓から何も学ばなかった（『一億人の昭和史3　太平洋戦争』）．

そして、ガダルカナル島のこの悲劇は、その後、各地域の戦場でくり返されることになる（図3－1）。

以上のように、ガダルカナル島をめぐる攻防戦は、アジア・太平洋戦争の最大の転換点となった。以後、連合軍は、質量ともに急速に戦力を拡充してゆく。表3－1は、戦力の中核となる空母部隊の日米比較である。ガダルカナル島から日本軍が撤退した四三年二月を境目にして、日米の戦力比が逆転し、その後、戦力格差が急速に拡大してゆくことがわかる。

情勢判断の誤り

おりしも、欧州戦線の戦局も大きな転換期をむかえていた。四二年九月から始まったスタ

表 3-1　日米の第一線空母・艦載機数の変遷(護衛空母・練習空母を含まない)

	日本			米国			航空母艦対日比率	運用可能な艦載機数		
	喪失(隻)	就役(隻)	現数(隻)	喪失(隻)	就役(隻)	現数(隻)	(%)	日本(機)	米国(機)	対日比率(%)
1941 年 12 月	−	−	8	−	−	6	75.0	459	490	106.8
1942 年 1 月	−	1	9	−	−	6	66.7	489	490	100.2
5 月	1	1	9	1	−	5	55.6	507	427	84.2
6 月	4	−	5	1	−	4	80.0	255	331	129.8
7 月	−	1	6	−	−	4	66.7	303	331	109.2
8 月	1	−	5	−	−	4	80.0	267	331	124.0
9 月	−	−	5	1	−	3	60.0	267	255	95.5
10 月	−	−	5	1	−	2	40.0	267	159	59.6
11 月	−	1	6	−	−	2	33.3	291	159	54.6
12 月	−	−	6	−	1	3	50.0	291	250	85.9
1943 年 1 月	−	−	6	−	1	4	66.7	291	280	96.2
2 月	−	−	6	−	2	6	100.0	291	401	137.8
3 月	−	−	6	−	1	7	116.7	291	431	148.1
4 月	−	−	6	−	1	8	133.3	291	522	179.4
5 月	−	−	6	−	2	10	166.7	291	643	221.0
6 月	−	−	6	−	1	11	183.3	291	673	231.3
7 月	−	−	6	−	1	12	200.0	291	703	241.6
8 月	−	−	6	−	2	14	233.3	291	824	283.2
10 月	−	1	7	−	−	14	200.0	321	824	256.7
11 月	−	−	7	−	3	17	242.9	321	1,036	322.7
12 月	−	−	7	−	1	18	257.1	321	1,066	332.1
1944 年 1 月	−	1	8	−	1	19	237.5	351	1,157	329.6
2 月	−	−	8	−	−	19	237.5	351	1,157	329.6
3 月	−	1	9	−	−	19	211.1	403	1,157	287.1
4 月	−	−	9	−	1	20	222.2	403	1,248	309.7
5 月	−	−	9	−	1	21	233.3	403	1,339	332.3
6 月	3	−	6	−	−	21	350.0	231	1,339	579.7
8 月	−	2	8	−	1	22	275.0	345	1,430	414.5
9 月	−	−	8	−	1	23	287.5	345	1,521	440.9
10 月	4	1	5	1	1	23	460.0	243	1,582	651.0
11 月	1	1	5	−	1	24	480.0	243	1,673	688.5
12 月	1	−	4	−	−	24	600.0	186	1,673	899.5
1945 年 1 月	−	−	4	−	1	25	625.0	186	1,764	948.4
4 月	−	−	4	−	1	26	650.0	186	1,855	997.3
6 月	−	−	4	−	1	27	675.0	186	1,946	1,046.2
7 月	1	−	3	−	−	27	900.0	129	1,946	1,508.5
総合計	16	11	3	5	26	27				

註：①日本の空母には，輸送・護衛任務にあたった大鷹・雲鷹・冲鷹・海鷹・神鷹(商船改造の特設空母)と練習空母・鳳翔を含まない．
②アメリカの空母には Escort Carrier(護衛空母)と大西洋に配置されていた中型空母 Ranger を含まない．
③各空母に配置されている航空機定数の合計(日本の場合，常用機数)．

山田朗「本土決戦体制への道」，歴史教育者協議会編『幻ではなかった本土決戦』よりーリングラードの市街戦で、ソ連軍はドイツ軍の猛攻に耐え、反撃に転じて逆にドイツ軍を包囲した。そして、翌四三年二月には約九万名のドイツ軍が降伏して、スターリングラード攻防戦はソ連軍の勝利に終わった。以後、ソ連軍は各地で本格的な攻勢作戦を展開して、ドイツ軍を押しもどしてゆくことになる。ドイツ軍の攻勢の成功を前提にしていた日本陸軍の対ソ進攻作戦計画は、もはや完全な机上のプランとなった。

しかし、日本の政府や軍部は、国際情勢の大きな変化を充分には認識していなかった。ガダルカナル島で激戦が展開されているさなかの四二年一二月七日、大本営政府連絡会議は、「世界情勢判断」を決定しているが、その「総合判断」部分には、次のように述べられている。

当分の間、彼我の戦勢は枢軸側に有利に進展すべきも、昭和十八年後期以降に於ては時日の経過と共に彼我の物的国力の懸隔は大なるに至るべし。

戦局が枢軸側に有利に進展しているという現状認識の甘さには驚かされるが、「物的国力の懸隔」についても、「世界情勢判断」は決定的な誤りを犯していた。同「判断」はアメリカの戦時生産についての長期的な見積りを行なっているが、船舶にしても、航空機にしても、その後のアメリカの生産実績は、この見積りの二倍に達していたのである（防衛庁防衛研修所戦史室

『戦史叢書　大本営陸軍部〈5〉』）。

中国戦線の日本軍

四二年四月のドゥーリットル爆撃隊による本土初空襲は、大本営に大きな衝撃を与えた。同隊が攻撃終了後、中国大陸の航空基地に着陸しようとしていた事実を重視した大本営は、米軍が中国大陸の航空基地を利用できないようにするため、浙贛《せっかん》作戦を発動、五月から八月にかけて浙江・江西両省の飛行場や軍事施設を徹底的に破壊した。また、初期作戦の順調な進展にともない、中国戦線に展開する支那派遣軍の中から、蔣介石政権を屈伏させるために、積極的な進攻作戦を実施しようという気運が生じてきた。首都・重慶の攻略をめざす「五号作戦」構想である。大本営も当初はこれに積極的で、四二年九月には、派遣軍に「五号作戦」の準備を指示した。しかし、ガダルカナル島をめぐる攻防戦が激化するなかで、大本営は、同年一二月、作戦の中止を正式に指示する。軍中央も、南方戦線の持つ重要性をようやく認識し始めたのである。

それでも、米軍の反攻が本格化した四二年の段階で、陸軍の全兵力の二九％が中国（満州を除く）に配備されていた。南方戦線は二一％にとどまっている。四三年に入って、南方戦線の割合が三二％に増大するが、この時点でも中国戦線には陸軍の全兵力の二三％が配備されている（図3－2）。中国の民族的抗戦が続いているため、日本は多くの兵力を中国戦線にはりつけなければならなかったのである。

軍紀の退廃

注目する必要があるのは、中国戦線における日本軍の軍紀の退廃が、この頃から深刻化してきたことである。四二年一二月、北支那方面軍の兵団長会同で参考資料として配布された「軍紀振作の対策に就て」と題された文書は、「建軍の本義に悖《もと》り軍紀を破壊する悪質犯、特に対上官犯、逃亡離隊犯、辱職犯、強姦犯、掠奪犯等最も忌むべき犯罪依然として多発しあるのみならず、行方不明、兵器の亡失等、未だ其の跡を絶たず。寔《まこと》に寒心に堪ず」として、軍紀の深刻な状況に注意を促している。

この文書で重要なのは、「犯罪非行発生の状況」について、「分屯隊、分遣隊、独立勤務者等、特に上級幹部の指導、監督不十分なる部隊に多発す」、「補充員及初年兵等の駐屯地到着直後に於て、逃亡、離隊及自傷〔軍隊や戦闘から逃れるために、銃などで故意に自分の身体を傷つけること〕等の犯罪多し」という結論を下していることである。このうち、前者は、「高度分散配置」の問題である。この態勢の下では、小部隊単位に分散しているため、上官の監督や監視が末端にまで及ばない。その結果、駐屯地の中に、「軍隊ずれ」した古参兵がいた場合には、駐屯地内の軍紀

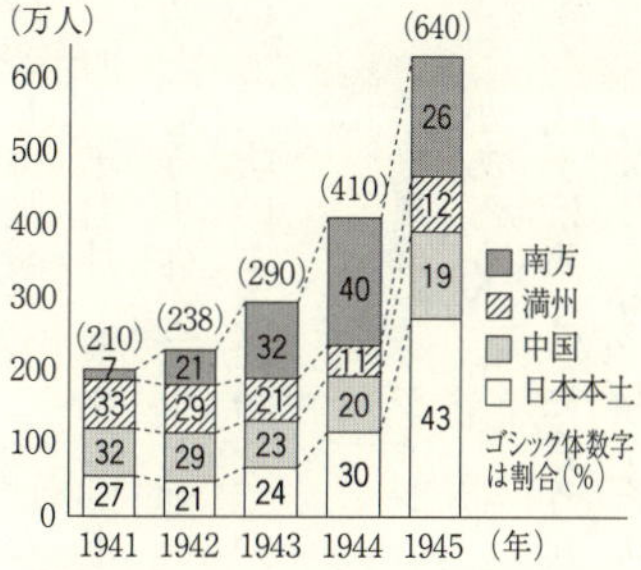

朝鮮・台湾の兵力は日本本土の兵力の中に含まれる．
大江志乃夫編『支那事変大東亜戦争間動員概史』より

図 **3-2**　地域別の陸軍兵力

は著しく弛緩することになる。

四二年七月、華北に駐屯していた歩兵第一一〇連隊第五中隊では、古参兵が中隊長を射殺するという事件が発生しているが、同中隊のある上等兵は、「六動員」とよばれた最古参兵について、次のように語っている(上羽修「「三光作戦」実行部隊の内部矛盾と将兵の心情」)。

六動員はマージャンして、ほんまに点呼に出んのよ。新品の将校が来たらなぁ、朝、点呼があろう。(中略)「呼んで来い」いうたら、寝巻きのまま出て来て、「何、貴様」いうて将校をぼろくそに言うんじゃ。「文句あるんなら言うてみぃ」「文句あるか」いうて、サッといぬんじゃ。もうそれで終わりじゃ。それからもう二度と呼ばんようになる。中隊長も知らん顔している。もう相手にならんほうがええ。何しでかすか分らん。

中隊長が古参兵をまったく掌握できていない状況がよくわかる。

私的制裁の影響

「軍紀振作の対策に就て」がとりあげている後者の問題は、軍隊経験を持たない初年兵などに対する「私的制裁」の問題と関連している。「私的制裁」とは、上官や古参兵が下級者に対して行なうリンチのことである。日本軍には、「私的制裁」という名の暴力に耐えることによって、兵士はきたえられ、強い兵士となるという「信念」があった。このため、「私的制裁」は建前の上では禁じられていたが、事実上黙認されていた（図3-3）。「軍紀振作の対策に就て」は、内地から送られてきた初年兵などが駐屯地で「私的制裁」の洗礼を受け、恐怖にかられて脱走してしまうなどという状況を指摘しているものと考えられる。

後述するように、日中戦争以降の大動員によって、軍隊の内部には、老兵や体位・体力の劣る兵士、あるいは病弱な兵士などが急速に増えていた。これらの兵士にとって、「私的制裁」はこれまで以上に深刻な影響を及ぼすことになる。この点は、軍中央もはっきりと自覚していた。開戦前日の四一年一二月七日、陸軍次官は、「私的制裁根絶に関する件」を陸軍全体に通牒し、「私的制裁が軍隊の団結を破壊し対上官犯或は逃亡離隊等の重《おも》なる動機を醸成し又、軍民離間の素因となることに関しては敢へて贅言《ぜいげん》を要せざる所」とした上で、「兵力増加に伴う兵員素質の低下其の他一切の悪条件を克服して、其の団結親和を強化する」ためにも、「私的制

図 3-3　映画「真空地帯」(山本薩夫監督，1952 年)に描かれた私的制裁の一つ，「自転車こぎ」．両腕だけで身体を支え，長時間にわたって自転車をこぐまねをさせる(国立歴史民俗博物館編『佐倉連隊にみる戦争の時代』)．私的制裁には肉体的苦痛と精神的苦痛を組みあわせたものが多い．

裁」を「根絶」するよう指示している。

こうしたなかで、四二年一二月に発生したのが、館陶《かんとう》事件である。この事件は、北支那方面軍、第五九師団の独立歩兵第四二大隊第五中隊の兵士数名が転属命令に激昂して、飲酒の上、小銃や手榴弾を使用して中隊幹部を襲撃したという暴動事件である。翌四三年二月、北支那方面軍司令官、岡村寧次《やすじ》大将が隷下部隊に与えた「館陶事件に関する方面軍司令官訓示」は、「高度分散配置に在る各兵団は軍隊の掌握統率の為には多大の困難を伴ひ軍紀の振作亦容易ならざるものあるは之を認む」としつつ、「戦争長期に亘るに及び軍隊が内部的原因に依り自ら崩壊することあるは史例既に之を教ふるところなり」と指摘していた。中国戦線の勤務が長く、中国通で知られた岡村が受けた衝撃が伝わってくる。

2 兵力動員をめぐる諸矛盾

軍隊の弱体化

日中戦争からアジア・太平洋戦争にかけて、陸海軍の兵力は急激に膨張した（表3-2）。そのことは精強さを誇ってきた日本の陸海軍が弱体化したことを意味する。第一に指摘することができるのは、幹部の質の低下である。陸軍の将校集団の中核となるべき現役将校の割合は、すでに三九年の時点で全将校の三六％、それが、アジア・

太平洋戦争末期の四五年の時点では一五％にまで低下した（大江志乃夫編『支那事変大東亜戦争間 動員概史』）。残りの将校は、老齢の予備役将校の召集や、陸軍士官学校卒業の正規将校ではない幹部候補生出身の予備役将校などによって補塡された。

その結果、軍隊の中では、指揮・統率能力が低く体力・気力ともに劣る、兵士に対して「押えのきかない」将校が増大することになった。同時に彼らは、一般社会の空気を吸い、一般社会での経験を積んできた将校でもあった。この点について、ある座談会の中で、河合潔陸軍大佐は、次のように発言している（「将校団団結強化に関する座談会記事」『偕行社《かいこうしゃ》記事 特号』第八二六号、一九四三年）。軍隊生活から長く遠ざかっていた応召将校に対する河合のエリート意識を割り引いて考える必要があるが、きわめて示唆的な発言である。

表3-2 陸海軍の兵力 （人）

年次	総数	陸軍	海軍
1930年	250,000	200,000	50,000
1931	308,430	230,000	78,430
1932	383,822	300,000	83,822
1933	438,968	350,000	88,968
1934	447,069	350,000	97,069
1935	448,896	350,000	98,896
1936	507,461	400,000	107,461
1937	634,013	500,000	134,013
1938	1,159,133	1,000,000	159,133
1939	1,620,098	1,440,000	180,098
1940	1,723,173	1,500,000	223,173
1941	2,411,359	2,100,000	311,359
1942	2,829,368	2,400,000	429,368
1943	3,808,159	3,100,000	708,159
1944	5,365,000	4,100,000	1,265,000
1945	7,193,223	5,500,000	1,693,223

東洋経済新報社編『昭和国勢総覧（下）』より

そこに一方から入って来る応召将校、これは地方的風習から抜け切れないものが非常に多いのであります。命令が妥協的で、また「これをやつてくれ給へ」「これをやらうぢゃないか」といふやうな命令を下しますし、指導の状況が退嬰《たいえい》的で積極性がない。それで徹底させなければならないことがやれない。

河合大佐は、「若い将校に此頃、外套《がいとう》を着るものが非常に多くなつたが、我々中少尉の時には外套などは着たことはなかつた。これも軍隊が地方化されつ、ある例ぢゃないかと思ひます」とも発言しているが、この発言の意味するところは重要である。日本の軍隊では、軍隊以外の一般社会のことを侮蔑の意味をこめて「地方」とよんだが、その軍隊が「地方化」されつつあるという内容だからである。言葉をかえていえば、一般社会の価値観や規範意識、あるいは行動原理などが軍隊の内部に浸透し、軍隊の「市民社会化」が進みつつあるということになるだろう。

兵士の体位・体力の低下

兵力の大拡張の第二の帰結は、軍隊に徴集される兵士の体位や体力の大幅な低下である。毎年行なわれる徴兵検査は、身体検査の結果によって、二〇歳の若者を、甲《こう》種・第一乙《おつ》種・第二乙種・丙《へい》種＝合格、丁《てい》種＝不合格、戊《ぼ》種＝翌年再検査、にふるいわける。甲種・乙種が現役兵に適する者、丙種が現役兵には適さないが国民兵役に適する者、丁種が兵役に適さないものである。日中戦争開始の頃までは、おおよそ甲種合格者だけが現役兵として入営し、第一乙種が第一補充兵役、第二乙種が第二補充兵役、丙種が第二国民兵役に編入され、第二補充兵役と第二国民兵役は、事実上は兵役免除に等しかった。

それが、日中戦争の拡大と長期化によって動員兵力が増大すると、第一乙種まで現役兵として徴集されるようになり、第一補充兵役には第二乙種が充てられることになった。その結果、三九年には、第二補充兵役要員として、第三乙種が新設されることになる。同年四月、陸軍次官は企画院次長宛に通牒し、「帝国の現状は〔徴兵〕適齢壮丁《そうてい》の八割を現役兵及補充兵として徴集するも既に徴集可能の限度に達し、其の徴集せるものに在りても体力劣弱にして兵業に対し十分ならざるものあるの実情なり」と状況の深刻さを指摘していた。人的資源の面でも、日本はすでにこの段階で限界に達しつつあったといえよう。

しかし、抜本的な対策のないまま、軍中央は、四〇年に陸軍身体検査規則の改正に踏み切った。徴兵検査の合格基準を大幅に引き下げることによって、拡大する兵力需要に対応しようとしたのである。四二年五月に陸軍省医務局がまとめた「壮丁体力の概要に就て」は、この改正について、「壮丁中疾病及身

図 3-4　正規将校を養成する陸軍士官学校の教育も大幅に短縮された．士官学校を卒業し（第 55 期），1941 年 10 月に少尉に任官した藤原彰（写真）の任官時の年齢は 19 歳だった．兵士より若い将校の誕生である（藤原彰『中国戦線従軍記』）．

体又は精神の異常のある者でありましても、兵業に支障なしと認められます者は、努めて之を合格」として、必要な兵員数を確保することにしたと説明している。

結果は、明らかだった。軍隊の中に、体位や体力の劣る者、病弱者などが多数入ってくることになったのである。また、予備役・後備役など、年齢の高い兵士の召集が相ついだことも、この傾向に拍車をかけた。なお、従来の予備役・後備役の区分は四一年に廃止されて、現役終了後、陸軍の場合でいえば、一五年四カ月間の服役を義務づけられた予備役に一本化されている。

こうした「弱兵」の増大にともなって、軍中央としても「健兵対策」を重視せざるをえなくなった。「健兵対策」とは、国民体力の向上や「弱兵」対策の総称である。このため、四一年二月の軍・師団参謀長、陸軍大臣直轄部隊長会同の席上で、東条陸相は、「健兵対策」の徹底について、「軍内対策を忽諸《こっしょ》に付する〔おろそかにすること〕は今や断じて許されず」と述べて、事態の深刻さに注意を促した。さらに、翌四二年五月には、兵の「保育」に関する最初の統一的指針として、「軍隊保育要領」が制定されている（陸上自衛隊衛生学校編『大東亜戦争陸軍衛生史8』）。この「要領」は、教育訓練の合理化とともに兵士の「休業及給養」にも配慮すること、入営してきたばかりの「体力劣れる兵」、「体力強健ならざる兵」に対しては、必要に応じて一般の兵士とは別に特別訓練班を編成することなどを規定していた。

知的障害を持った兵士の入営も深刻な問題だった。これらの兵士の全体数を示す統計は今のところ見あたらないが、軍務や戦闘に適応できずに、精神障害兵士のための専門病院である国府台《こうのだい》陸軍病院に収容された知的障害を持つ兵士の数は、三七年度＝四名、三八年度＝四名、三九年度＝三九名、四〇年度＝四一名、四一年度＝四八名、四二年度＝三四名、四三年度＝七六名、四四年度＝一五七名、四五年度(八月まで)＝八一名であり、戦争末期における増加が目立っている。このうち四三年度の入院患者には、精神年齢三歳三カ月と判定された者がいた(清水寛編著『日本帝国陸軍と精神障害兵士』)。

また、軍医の五十嵐衡と浅井利勇が四四年一月に五つの部隊で実施した知能検査では、二〇〇〇名のうち、九〇名(四・五％)が、「精神薄弱」と判定されている(諏訪敬三郎編『第二次大戦における精神神経学的経験』)。日本の軍隊は、内部から確実に弱体化し始めていたのである。

兵力動員の限界

このようにみてくると、日本の陸海軍の場合には、限界ぎりぎりまでの「根こそぎ動員」が行なわれたという印象を持つのが自然だろう。しかし、それは必ずしも正確な認識ではない。すでに、大江志乃夫『昭和の歴史3　天皇の軍隊』が早くから指摘しているように、資本の技術的構成が低い日本の工業技術水準では、多数の熟練労働力を労働現場に確保しておかなければならなかったし、労働集約的な零細農業が支配的だった農村でも、農業生産力を維持するために、農業労働力の確保は至上命令だった。つまり、日本資本主義の後進性に規定されて、兵力動員と戦時生産に必要な労働力動員との間に、欧米列強以上に深刻な競合関係が生まれていたのである。

このことは、日本側でも、日本の戦時体制の大きな弱点の一つとして認識されていた。少し後の時期になるが、四四年一月二五日の第八四議会衆議院予算委員会（秘密会）で、政府委員の佐藤賢了陸軍省軍務局長は、列強の動員兵力数と動員兵力の総人口に占める割合とを、次のような数字をあげて説明している。

ドイツ＝一三八〇万名（一七％）
ソ連＝二九〇〇万名（二〇％）
イギリス＝五五〇万名（一一％）
アメリカ＝一〇〇〇万名（七・五％）

佐藤軍務局長によれば、日本のパーセンテージはアメリカより低いにもかかわらず、徴兵適齢の引下げや、召集人員の増大は、「生産の面から見ますると困難なことであり、大きな課題」だった。召集人員のこれ以上の増大は、生産に支障をきたすという意味である。なお、四四年末の段階で、日本の内地総人口に占める動員兵力の割合は六・三％である。

農村へのしわ寄せ

ただし、労働力動員の内部にも深刻な競合関係があった。工業労働力動員と農業労働力動員との競合である。軍需生産の拡充を最優先の課題とする政府は、工業労働者に対しては、ある種の優遇措置をとった。召集猶予制や召集延期制がそれであり、技術者や熟練工など、戦時生産に不可欠な労働者を兵士として召集するのを延期し、引き続き生産に従事させる制度である。

これに対して、農村では、農業生産の中核となる経営主や農業会の技術者、各種農業団体の中堅幹部、農事試験場の関係者などが次々に召集され、農業生産に大きな打撃を与えた。農業生産の維持に必要な最小限度の戦時召集延期制が農村にも導入されるようになるのは、四四年に入ってからのことである（山下粛郎『戦時下に於ける農業労働力対策（第二分冊）』）。

このことは、農村こそが命令に忠実で肉体も頑健な兵士の供給源であるという軍部の価値観の反映でもあったが、国民皆兵制という理念の下における兵役の負担の平等性という建前から考えれば、工業労働者にくらべて農民は明らかに過重な負担を担わされていたといえるだろう。

こうした農村へのしわ寄せにもかかわらず、農業生産がかろうじて維持されていたのは、召集された男子に替わって、女性や老人が農業生産の主たる担い手となったからである。同時に、労働強化が戦時の農業生産を支えていた。一日あたりの労働時間は、三七、八年頃には水田耕起と稲脱穀調製で一〇・〇時間、田植で一一・六時間、稲刈で一〇・三時間であったものが、四三、四年頃には各々、一一・五時間、一三・一時間、一一・八時間に増大している。また、家族農業従事者の年間平均労働日数も、女子の最大は五一～六〇歳代で八一日間の増、男子の最大は一五歳以下で七六日間の増であり、高齢の女性だけでなく、子供も重要な労働力となっていたことがわかる（戦後日本の食料・農業・農村編集委員会編『戦後日本の食料・農業・農村1』）。

女性の動員・植民地からの動員

以上のような兵力動員上の弱点をカヴァーするためには、二つの方策しかなかった。一つは女性の動員であり、もう一つは植民地からの動員である。しかし、そのいずれもが、朝鮮からの労働力動員を別にして、不充分な形でしか実現しなかった。確かに、日本でも、大規模な兵力動員にともなう労働力不足のため、労働力としての女性の動員が開始されている。四一年一一月に公布された国民勤労報国協力令、四四年八月に公布された女子挺身《ていしん》勤労令などによる動員がそれである。前者は一四歳以上二五歳未満の未婚女性に年間三〇日以内の勤労奉仕を義務づけたものであり、後者は、一二歳から四〇歳未満の未婚の女性を女子挺身隊に組織して、一年間の労働を義務づけた法令である（違反した場合は、一年以下の懲役または一千円以下の罰金）。なお、敗戦時の女子挺身隊隊員数は、四七万二五七三名である。

しかし、日本の場合は、労働力としての動員の対象は、基本的には未婚の女性に限定されていた。政府が「家」制度の維持を何よりも重視したため、既婚女性には家庭に残って家を守るという役割しか期待されなかったからである。ましてや、兵士としての女性の動員には、軍上層部に強い反対論があり、一部で女子通信隊が編成されるにとどまった。

植民地からの兵力動員も、政府や軍部の中に消極論が根強く存在したため、大きく立ち遅れることになった。朝鮮に陸軍特別志願兵制度が導入されて、朝鮮人の「志願」が可能になったのは三八年、海軍特別志願兵制度の導入は四三年、台湾では、四二年に陸軍の、四三年には海軍の特別志願兵制がようやく導入されている。さらに、植民地への徴兵制の導入には、より大きな抵抗があった。兵役義務を課することに対する「反対給付」として、参政権などを認めざるをえなくなる可能性があったからである（吉田裕・森茂樹『アジア・太平洋戦争』）。結局、徴兵制が実際に施行されるのは、朝鮮が四四年、台湾が四五年のことだった。

召集逃れ

以上のように、兵力動員には、さまざまな抑制要因が作用していたが、国民の兵役負担の平等性という建前を根底からくつがえす、情実による召集の延期という事態が実際にあったことも指摘しておく必要があるだろう。四三年から敗戦まで、名古屋連隊区司令部で動員業務に従事していた神戸達雄は、「たとえば上層部から、またある権威者からの圧迫で」、特定の人物を召集の対象からはずすというような不正行為があったのかという質問に対して、「ま、なるべくなら、余人があったら、この人はひとつ次に回せということはあったようでございますね」と答えている（テレビ東京編『証言・私の昭和史３』）。

また、召集の事務を担当する連隊区司令部の職員への「金品贈与」によって、「召集原簿となるべき在郷軍人名簿の綴中より本人の名簿の抽出破棄、或は在郷軍人名簿に戦時召集延期者或は兵役に堪へざる疾病者としての指定記入等の方法を以て召集死角者を造り」出すことも行なわれた(前掲『支那事変大東亜戦争間　動員概史』)。前述した戦時召集延期制が、「召集逃れ」に利用されていたのである。

注目したいのは、連隊区司令部には、夫や息子の召集の取り消しを求める女たちの姿が常にあったことである(小澤眞人・NHK取材班『赤紙』)。すべての女性が男たちの出征をあらがうことのできない運命として受け入れていたわけではなかったことを、この事実は教えている。

3 「大東亜共栄圏」の現実

盟主としての日本

四二年一月二一日、国内が戦勝にわきかえるなか、第七九議会の衆院本会議で、東条首相は次のように演説し、「大東亜共栄圏」の建設を内外にアピールした。

大東亜共栄圏建設の根本方針は、実に肇国《ちょうこく》の大精神に淵源するものでありまして、大東亜の各国家及び各民族をして各々其の所を得しめ、帝国を核心とする道義に基く共存共栄の秩序を確立せんとするにあるのであります。

この演説の中で東条首相は、「帝国の真意を了解し、大東亜共栄圏建設の一翼として協力して来る場合」には、フィリピンとビルマの独立を承認すると言明したが、右の演説の中には、「大東亜共栄圏」の本質が浮きぼりにされている。つまり、「各々其の所を得しめ」、あるいは「帝国を核心とする」といった表現に端的に示されているように、そこでは、諸国家・諸民族間の平等な関係を原則とした国際秩序ではなく、日本を盟主としたピラミッド型の階層的な秩序が想定されていたからである。次に、日本による統治の実態を簡単にみておきたい。

戦時下の朝鮮

日本の植民地である朝鮮では、日中戦争の開始以降、皇民化政策が本格化する。皇民化政策とは、朝鮮における戦時動員体制を強化するために、朝鮮人を天皇に絶対随順する「皇国臣民」に強制的に同化させる政策である。三六年八月には、朝鮮の神社制度が再編され、以後、朝鮮人に神社参拝が強要された。また、四〇年二月には、朝鮮民事令の改正によって、創氏改名が強行されている。創氏とは、日本と同じ氏制度の導入によって、家族全員を同じ氏とすることであり、改名とは、日本風の名に改めることである。改名の方は任意とされたものの、実際にはさまざまな圧力があり、改名を拒否することは難しかった。さらに、四一年四月には、小学校が国民学校に改編され、この前後から、学校教育の現場から朝鮮語が排除されてゆく。

国内における支配体制の強化もあって、朝鮮の民衆が日本の植民地支配に公然と抵抗することは、この時期には困難になっていた。しかし、国外での抵抗運動は粘り強く続けられていた。満州や沿海州では、金日成《キムイルソン》の率いる抗日連軍の活動が続いていたし、中国の延安では、四一年に華北朝鮮青年連合会(翌年、朝鮮独立同盟に改組)が結成され、同会の軍事組織である朝鮮義勇軍は、中国共産党の八路軍とともに、日本軍と戦った。一九一九(大正八)年に上海に樹立された大韓民国臨時政府は、四〇年に重慶に移転して、新たに韓国光復軍を組織する。アジア・太平洋戦争が始まると、大韓民国臨時政府は、日本に宣戦布告し、韓国光復軍は、ビルマ戦線で、イギリス軍とともに日本軍と戦った。

こうした歴史的経緯があるために、韓国政府は、日本の敗戦後、交戦国の一員として講和会議に参加することを強く要求した。アメリカ政府も、当初は韓国を招請する方針だったが、日本やイギリスの反対で招請を断念した。結局、五一年九月に開催されたサンフランシスコ講和会議には、韓国は招請されなかったのである。

強制連行と徴兵制

アジア・太平洋戦争が始まると、朝鮮内における皇民化政策はいっそう強化された。四二年一〇月には、朝鮮青年特別錬成令が公布され、就学していない一七歳以上二一歳未満の青年男子を各地の青年特別錬成所に入所させて、軍隊や軍需産業への動員のための予備訓練を行なうことが義務づけられた。また、同年五月には、「国語普及運動要項」が制定され、日本語の普及運動がさらに強化された。

朝鮮の民衆にとりわけ深刻な影響を及ぼしたのは、労働力不足を補うための人的資源の強制動員、いわゆる「強制連行」である。この労務動員は、三九年から始まる「募集」方式、四二年以降の「官斡旋」方式をへて段階的に強制性を増し、四四年九月以降は、後述する国民徴用令の朝鮮人への適用によって、完全な強制動員となった。日本に移送された朝鮮人労働者は、鉱山、土木工事、軍需産業などの労働現場に配置され、逃亡者が相つぐほどの過酷な労働条件の下で働かされた。朝鮮内でも重化学工業化が急速に進められていた北部のダム建設や工場建設などのために、多数の労働者が動員されている。三九年から四五年にかけて、強制動員された朝鮮人の数は、日本や満州・樺太・南方など朝鮮外に移送された者＝八一〜九四万人、朝鮮内での強制労働従事者＝三一九万人、合計で四〇〇〜四一三万人と推定されている(海野福寿「朝鮮の労務動員」)。

さらに、日本軍の兵力不足が深刻化するなかで、四二年五月の閣議は、朝鮮への徴兵制の導入を決定した。第一回目の徴兵検査は、四四年四月から始まるが、以後、敗戦ま

図 **3-5**　靖国神社に参拝する朝鮮人女性．靖国神社には日本人として戦い，日本人として戦死した朝鮮人約 21,000 名，台湾人約 28,000 名が合祀されているが，最近では遺族からの合祀取り下げ要求が強まっている(靖国神社臨時大祭委員『昭和十七年四月靖国神社臨時大祭記念写真帖』1942 年)．

でに、約一七万人の朝鮮人の若者が徴集されたと推定される。ただし、朝鮮人兵士の任務は、補給や土木、軍関係労務などの後方勤務であり、「武器を持つ戦闘要員ではなく、「労働者」として使役される勤務要員」だった（塚﨑昌之「朝鮮人徴兵制度の実態」）。

戦時下の台湾

植民地の台湾でも、四一年四月に皇民奉公会が結成され、「皇民化」政策が進展した。アジア・太平洋戦争が始まると、東南アジアの各地域に展開する各軍からの要請に応じて、多数の台湾人軍夫が、台湾特設労務奉公団、台湾特設勤労団などの形で、各地に動員された。任務は、武器・弾薬・食糧などの輸送や飛行場の設営などの土木作業である。その後、戦局が悪化するなか、四四年三月決定の「台湾決戦非常措置実施要綱」によって、南方勤労要員確保のために国民徴用制の実施が決められている。

すでに述べたように、台湾に陸軍特別志願兵制が導入されたのは四二年、海軍特別志願兵制の導入は四三年のことだが、多数の志願者が殺到し、朝鮮をはるかに上まわる高倍率となったのが、大きな特徴である。その理由については、さらに掘り下げた分析が必要だが、学校や警察、官庁、皇民奉公会が一体となって「志願熱」を醸成することに成功したことは否定できない（近藤正己『総力戦と台湾』）。そして、特別志願兵制に続いて、四四年九月の閣議で台湾に徴兵制を施行することが決定され、四五年一月に最初の徴兵検査が実施されている。この場合も、朝鮮とまったく同様に、四四年四月に台湾青年特別錬成令が公布され、徴兵検査受検前の青年に、徹底した皇民化教育が行なわれている。

なお、台湾では、漢民族だけでなく先住民も動員の対象となった。有名なのは、「高砂族《たかさご》」を組織した「高砂義勇隊」である。彼らは、当初は軍夫としての役割を期待されていたが、しだいにジャングル戦の能力を買われるようになり、戦争の末期には、直接戦闘に投入されるようになった。例えば、四四年一一月、薫空挺隊は、武装兵を搭乗させた輸送機をレイテ島の米軍飛行場に強行着陸させて、航空機と飛行場を破壊する「空挺特攻」を実施して全滅したが、この部隊は、将校・下士官だけが日本人で、兵士のすべては「高砂族」をもって編成されていたのであった。

戦時下の満州国

一方、日本の傀儡国家、「満州国」では、対ソ戦備充実のための経済的基盤をつくりあげるため、三七年四月以降、産業開発五カ年計画が進行していた。しかし、この計画は充分な実績をあげることができず、アジア・太平洋戦争が始まると、満州国の経済政策の重点は、農産物の増産・集荷の強化と対日輸送力の増強、鉄鋼・石炭などの増産と対日供給量の増大などに置かれることになった。満州国からの資源や農産物などの徹底した収奪政策である。また、満州国は、日本国内だけでなく、朝鮮や華北にも食糧を供給する役割を与えられていたため、農村における農産物の収奪は、いっそう過酷なものとなった。

この収奪を可能にしたのが、三二年に結成された満州国協和会などの民衆動員組織の発展である。また、すでに四〇年四月には国兵法が公布されて徴兵制が施行されていたが、四二年一〇月には、国民勤労奉公法が公布され、兵役に服していない青年を国民勤労奉公隊に組織して一年以内の労働に従事させることになった。

注目する必要があるのは、満州国と朝鮮との関係である。朝鮮総督府は、農村の過剰人口対策の一環として、三六年に鮮満拓殖株式会社を設立し、朝鮮人の満州移住政策を強力に推し進めた。朝鮮人の間でも、「満州ブーム」がおこり、社会的上昇の可能性やビジネス・チャンスを求めて、満州に渡った朝鮮人農民や朝鮮人民族資本家も少なくない(小林英夫・張志強編『検閲された手紙が語る満州国の実態』)。

また、満州国の軍隊、満州国軍の将校養成機関である陸軍軍官学校には、多数の朝鮮人青年が入校した。一九六三年に韓国の大統領となる朴正熙《パクチョンヒ》も、そのような朝鮮人将校の一人である。一方、三九年には、朝鮮人だけで編成された治安戦のための特殊部隊、間島特設隊が設立されている。関東軍と満州国軍は、満州内における「反満抗日」運動の鎮圧のため、大規模な治安粛清作戦をくり返し実施したが、日本側はその一翼を朝鮮人に担わせたのである。そこには、日本—朝鮮—満州国間の、支配と被支配の問題をめぐる重層的な関係性を読みとることができる。なお、在満朝鮮人の数は、三六年には約九二万人であったものが、四三年には約一五五万人に増加している。

それでは、初期作戦の成功によって、日本軍が占領した東南アジアの各地域は、どのような状況にあったのだろうか。これらの地域は日本軍の軍政下に置かれた。軍政とは現地の作戦軍の司令官が直接統治行政を行なうことをいう。軍政は原則として統帥事項に属することが重要である。陸軍が軍政を担当した地域を中心にして具体的にみてみると、東南アジアの攻略にあたった南方軍の軍司令部内に軍政を担当する軍政総監部が置かれ、南方軍総参謀長が軍政総監を兼任した。軍政総監部総務部長は、総参謀副長の兼任である。南方軍隷下の各軍の場合も軍司令部に軍政監部が設置され、参謀長がその軍政監を兼ねるケースが多い。全体としてみた時には、作戦本位の態勢がとられているのは明らかである。なお、海軍が軍政を担当したオランダ領ボルネオ、セレベスなどの地域の場合には、各艦隊長官の下に民政府・民政部が設置されている。また、軍政要員(司政官)として、日本国内の各官庁などから多数の日本人官僚が現地に送りこまれている。

東南アジアにおける軍政

軍政の第一の課題は、「治安の回復」という名の抗日分子に対する徹底した弾圧だが、とりわけ、中国の国民政府を経済的にも支えてきた華僑に対する弾圧は、過酷をきわめた。四二年二月、陥落直後のシンガポールでは、華僑に対する粛清工作が行なわれ、検問によって狩り出された五〇〇〇人をこえる華僑が日本軍の手で処刑されている。

経済政策の特徴

次に経済政策についてみてみよう。開戦直前の四一年一一月二〇日に大本営政府連絡会議で決定された「南方占領地行政実施要領」は、「占領地に対しては差し当り軍政を実施し、治安の恢復、重要国防資源の急速獲得及作戦軍の自活確保に資す」と基本方針を示した上で、「占領地に於て開発又は取得したる重要国防資源は之を中央の物動計画に織り込む」と規定していた。つまり、石油・ゴムなどの「重要国防資源」は、日本に送られて物動計画の中に組みこまれるが、各軍の必要とする物資は現地で調達するという方針であり、一言でいえば、東南アジア経済を日本の物動計画に全面的に従属させるという政策だった。

このことは、東南アジアの側からみれば、イギリスなどの欧米列強が中心になってつくりあげてきた、それまでの交易・流通のシステム＝「東南アジア域内交易圏」が破壊されることを意味する。そして、それは、民衆の経済生活の悪化に直結した。なぜなら、このシステムは、植民地の宗主国などから各種の工業製品が供給されることによって成り立っていたのに対し、日本には、それを供給するだけの経済力がなかったからである(小林英夫『日本軍政下のアジア』)。

この点については、日本側にも自覚はあった。開戦前に陸軍省戦備課が何度も行なった対南方武力行使にともなう物的国力判断の中で、岡田菊三郎戦備課長は、「日本は南方武力行使の場合、少なくも一億を下らない南方現住民を養っていかねばならず、その生活必需物資を米英蘭に代わって給付する余力が果たして日本にあるのか」という点を指摘していたという。まさに、「これが日本にとって南方占領地行政に関する泣きどころ」だった（防衛庁防衛研修所戦史室『戦史叢書　大本営陸軍部大東亜戦争開戦経緯〈5〉』）。

経済政策の面でのもう一つの特徴は、資源開発に際しては、接収した鉱山などを民間の個別企業に委託経営する方式がとられたことである。これまで、華北や華中の開発にあたっては、国策会社方式がとられてきた。国策会社とは、政府の政策を推進するために特別立法で設立された特殊会社のことをいい、政府が出資し政府の監督の下に置かれる反面で、出資した企業には利潤保証のためのさまざまな特典が与えられていた。実際には、三井・三菱・住友などの財閥が出資していたとはいえ、特定の個別企業に偏しないという理念がまがりなりにも掲げられていたといえよう。ところが、東南アジアの開発では、経営を個別企業にいわば丸投げするという露骨な政策がとられた。それは、丸投げされた個別企業の側からすれば、うま味のある政策だった。

東南アジア経済の破綻

戦局の悪化は、東南アジアの経済を決定的に破綻させた。連合軍の潜水艦や航空機による集中攻撃によって、日本の船舶の喪失が激増し、日本と東南アジア間の輸送路だけでなく、東南アジアの各地域間の輸送路も、いたるところで切断されたからである。米を例にとって、もう少し具体的にみてみよう。東南アジアは戦前から三大生

図 3-6　日本軍は東南アジアの占領地で，経費支弁のために通貨にかわる軍票を現地通貨表示の形で発行したが，敗戦により紙切れ同然となった．写真は，マレー・シンガポールで使用された「に号軍票」の 10 ドル(寺田近雄『日本の軍票』)．

産地(ビルマ・タイ・仏領インドシナ)をかかえる米の宝庫だった。戦争と日本の占領によって、従来のような輸出が不可能になってからは、これらの米は「大東亜共栄圏」の圏内で消費されることになり、統計上は米作地帯でない地域の消費量を充分補塡できるだけの余剰米が生じるはずだった。しかし、実際に生じたのは、日本も含めた圏内全体での米不足である。その理由としては、日本の流通政策の失敗、労働力不足などをあげることができるが、最も深刻な影響を及ぼしたのは船舶の喪失による輸送力の急速な低下である。代替措置として重視された鉄道輸送も、軍事輸送が最優先されたため、期待された役割を果たすことができず、各地で深刻な米不足＝飢餓状態が生じていた。アジア・太平洋戦争は、連合軍との間の資源争奪戦争という側面だけでなく、「日本という帝国内部での資源の争奪戦」という側面もあわせ持っていたのである(倉沢愛子「帝国内の物流」)。その意味でも、「共栄」は虚構の大義だった。

大東亜会議

連合国による反攻の本格化は、日本外交にとっても、新たな転機となった。日本政府部内においても、反攻作戦を阻止するためには、「大東亜共栄圏」内の政治的結束を強化し、民心を日本側に引きつけるための積極的な施策が必要だと考えられるようになったからである。

新外交の推進者となったのは、四三年四月に東条内閣の外相に就任した重光葵《しげみつまもる》だった。重光は、従来の権益至上主義的な対中国外交の転換をはかり、四三年一〇月には、南京の汪兆銘政権との間に日華同盟条約を締結した。これによって、四〇年一一月に汪政権との間で締結されていた日華基本条約は失効する。日本軍の中国駐留を無理やりに承認させるなど、対日従属性の色濃い日華基本条約の廃棄によって、重光外相は、対中国外交の立て直しをはかったのである。中国戦線に展開している日本軍を南方戦線に転用したい参謀本部も、この政策を支持した。

その一方で、重光は、戦争目的の再定義に取り組んだ。重光が強く意識していたのは、連合国の大西洋憲章である。大西洋憲章は、四一年八月に発表された米英の共同宣言であり、第二次世界大戦後の新たな国際秩序の基本原理として、領土不拡大、奪われた主権の回復、通商の自由、公海航行の自由、国際平和機構の確立などを掲げた。四二年一月の連合国共同宣言の中で言及されることによって、同憲章は連合国の共同の戦争目的となった。

この大西洋憲章に対抗できるだけの新たな戦争目的を提示するために、四三年八月、重光は外務省内に戦争目的研究会を設置し、戦争目的の見直し作業に入った。その結果、「大東亜共栄圏」の建設というスローガンは、盟主としての日本国家が域内の諸国家・諸民族を指導するという意味あいが強すぎるとして、その放棄が決められた。

こうしたなかで、東条内閣は、四三年一一月、アジアの対日協力政権の代表者を東京に集めて大東亜会議を開催した。この会議には、日本・タイ・フィリピン・ビルマ・中国(汪政権)・満州国・自由インド仮政府の代表が参加し、「大東亜共同宣言」が採択された。「大東亜共同宣言」は、「大東亜を米英の桎梏より解放」することなどを戦争目的として提示し、自主独立の相互尊重、各々の伝統の尊重、互恵的経済発展、人種差別撤廃、文化交流の促進、資源の開放などを共同綱領として掲げていた。確かに、宣言文でみる限りでは、「大東亜共栄圏」の建設という戦争目的は放棄されていたのである(波多野澄雄『「大東亜戦争」の時代』)。

しかし、「大東亜共同宣言」の採択によって、従来から分裂していた日本の戦争目的が一本化されたわけではなかった。同宣言は、その表現の極度の抽象性のゆえに、諸勢力による「玉虫色」の解釈を許すものだったし、むしろ、その採択を契機に、戦争目的をめぐる国内的な議論は、さらに混迷を深めていった(波多野澄雄『太平洋戦争とアジア外交』)。

権益至上主義の根強さ

また、「大東亜共同宣言」によって、日本の権益至上主義的な対外政策の大幅な手直しが進んだわけでもない。四三年五月の御前会議で決定された「大東亜政略指導大綱」は、大東亜会議開催のための基本戦略を確定したものだが、その中には、フィリピンとビルマの独立準備とともに、注目すべき次の一節がある。

「マライ」「スマトラ」「ジャワ」「ボルネオ」「セレベス」は帝国領土と決定し、重要資源の供給源として極力之れが開発並びに民心の把握に努む。

日本にとって重要な地域は独立を認めないという政策である。実際、インドネシアの民族主義者スカルノの例にみられるように、右の地域を代表する民族主義者は大東亜会議に一人も招請されていない。さらに、戦局の悪化のなかで、逆に、露骨な権益主義や理念をかなぐり捨てた現実主義が台頭してくるという関係性にも注目する必要があるだろう。海軍省調査課の資料の中には、四四年二月五日付の「大東亜戦争目的闡明《せんめい》に関する件」という文書が残されている。海軍関係者と思われるこの文書の執筆者は、この戦争を「東亜諸民族の解放戦」として位置づける政府のプロパガンダが、戦争に対する国民の協力を「低調且傍観者的」にしていると批判し、「実際の結果に於ても徒《いたず》らに我国民のみ犠牲となり、東亜の諸民族が甘汁を吸へるが如き施策に陥れる結果を見て、国民一般は「何の為の戦争なるか」に疑問を生じ斯《かか》る戦争ならば、いい加減にお茶を濁しておけと云ふ態度に追やりつつあり。（中略）抑々《そもそも》何れの国に於て自国の存亡を賭し、他国他民族の為に戦ふ国あらんや」とあからさまに論じている。

4　国民生活の実状

生活の窮乏化

日本の戦時体制の最大の特質の一つとしては、戦時体制の強化と国民生活の窮乏化とが、常に併進したことがあげられるだろう。この点では、同盟国のドイツとの間にもかなりの違いがあった。ドイツの場合、政府が生活必需物資の確保を重視し、戦時には軍需をある程度、犠牲にしても、国民の生活水準の維持に努めようとした。このため、個人消費支出は、四三年の時点でも、第二次世界大戦開戦時(一九三九年)の八割の水準を維持していたし、戦争末期の四四年の時点でも、世界恐慌によって個人消費支出が最も低下した三二、三三年の水準をやや上まわっていた(山崎広明「日本戦争経済の崩壊とその特質」)。

これに対して日本の場合には、日中戦争以降の物動計画そのものが、限られた国力の下で軍需生産を急速に拡充するため、民需を犠牲にするという政策を意識的に採用していた。ある企画院調査官は、物動計画には、民需に対する配慮がなく、「民需とは濡れ手拭のようにしぼればしぼる程余裕のあるものだ」との観念に支配されていたと回想している(田中申一『日本戦争経済秘史』)。この結果、軍需の拡充に反比例する形で、国民生活の水準は切り下げられた。このため、国民の生活水準は、日中戦争以降、一貫して低下し、個人消費支出は、早くも四二年の時点で日中戦争開戦時の水準の八割を割ったし、アジア・太平洋戦争開戦前の四〇年の時点で、昭和恐慌下の三〇年の水準を下まわっている。最近では、戦時経済の国際比較が進んでいるが、それらの研究では、ドイツと比較した場合、「日本の生活水準切下げが激しく、植民地・占領地ではさらに厳しかった」と結論づけられている(原朗編『日本の戦時経済』)。

なお、アメリカの場合は、日本と好対照をなしている。戦時体制への移行と軍需生産の本格化のなかで、アメリカ経済は驚異的な成長をとげ、四〇年の国民総生産＝九九七億ドルは、四五年には二一一九億ドルに拡大した。これにともない、長い間、大恐慌に苦しめられてきたアメリカ人の生活水準は急速に上昇する。「アメリカは、戦時中に生活水準を向上させた唯一の国」となったのである(上杉忍『二次大戦下の「アメリカ民主主義」』)。このことは、アメリカの一般の国民にとっても、戦争が充分「ペイする」ものだったことを意味している。しかし、この時、形成された「よい戦争」という楽観的な戦争観は、広範な国民の生活実感に裏打ちされたものであっただけに、その後、現在に至るまで、アメリカ人の戦争観を呪縛し続けてゆくことになる。

配給制の拡大

日本の戦時経済の進展が国民生活を直撃したのは、配給制度と労働力動員を通じてである。配給制度とは、日中戦争以降の戦時経済の下で、生活必需品などの分配を政府が統制するために導入された制度であり、政府の決めた分配量だけを各自が公定価格で購入することができた。国民は配給された食料や生活用品を配給所もしくは隣組を通じて、入手したのである。四〇年六月からは六大都市で砂糖とマッチの配給制が始まっていたが、国民生活に決定的な影響を与えたのは、四一年四月から六大都市で実施に移された主食の米の割当配給制である。これによって、普通の大人一人の一日あたりの配給量は、平均的な消費量よりかなり低い二合三勺《じゃく》に設定され、以後、同年中にこの制度はほぼ全国に波及してゆく。この二合三勺という割当量は、形式的には四五年五月まで変わらなかったが、米にかわって、麦・いも類・雑穀などが混入されるようになり、四四年一〇月には、主食配給量のうちで米の占める割合は、六六%にまで低下している。

さらに、アジア・太平洋戦争の開戦前後から配給制はいっそう拡大し、四一年一一月からは魚類が、翌四二年二月からは、衣料品と味噌・醤油が、続いて一一月からは青果物が配給制に移行している。しかし、実際には、当初の割当基準量を維持することさえ困難であり、配給品の粗悪化とも相まって、国民生活は急速に窮乏化していった。同時に、現実には配給品だけで生きてゆくのは不可能だったから、多くの国民は公定価格制度違反の闇取引によって、米や野菜などを購入するようになった。闇取引の常態化である。

労働力動員

軽工業中心の日本の産業構造を軍需産業=重化学工業中心のそれへと急速に編成がえしてゆくためには、労働力の面でも、強力な国家統制が必要となった。政府は、重化学工業部門へ労働力を重点的に投入するために、商業や軽工業などの平和産業部門からの労働力移動政策を強行したが、その政策の要となったのが、三九年七月に公布された国民徴用令である。三八年四月公布の国家総動員法に基づく勅令として公布されたこの国民徴用令は、国民を政府の指定する業種に強制的に就業させる法令であり、重化学工業部門への労働力の「狩り出し」政策に決定的な強制力を付与した。軍隊への召集令状が「赤紙」とよばれたのに対して、徴用令書が国民の間で「白紙」とよばれたのは、そのことをよく示している。

国民徴用令は、一六歳以上四五歳未満の男子(技能者の場合は五〇歳未満)と一六歳以上二五歳未満の女子を徴用できると定めていたが、四一年八月の閣議で労務緊急対策要綱が決定されると、大規模な徴用が急速に進行し、四三年七月の改正では、徴用の対象は、一二歳以上六〇歳未満の男子、一二歳以上四〇歳未満の女子にまで拡大された。また、四三年一〇月の軍需会社法の公布によって、軍需会社の場合には、事業主と従業員を丸ごと徴用することも可能になった(現員徴用)。こうしたなかで、敗戦時の被徴用者数は、新規徴用＝一六〇万九五五八名、現員徴用＝四五五万四五九名にも達した。なお、女性の場合には、法的強制措置をともなう徴用という形での労働力動員は行なわれていない。

国民意識の変化　戦局は急速に悪化していたとはいえ、政府と軍部による徹底した情報統制によって、一般の国民は戦局の正確な実相を知りえなかった。そのため、戦局の悪化は国民の戦意の低下には、すぐには結びつかず、両者の間にはかなりのタイム・ラグが存在した。それでも、ガダルカナル島を中心にした南太平洋方面の戦死者が公表されると、宮城、福島、新潟など、戦死者の出身県には衝撃が走った。四三年七月に内務省がまとめた「南太平洋方面戦死者発表に対する反響」は、「一般的には寧《むし》ろ益々敵愾心《てきがいしん》の昂揚せるを認めらる、状況」としながらも、「当初其の戦死者の予想外に多数なりし為、各方面共、相当の衝撃を受けた」事実を認め、次のように指摘している。

遺族中最も大衝撃を受けたるは老人及び婦女子のみの家庭にして、戦死の内報に接し発作的に精神異常其の他の発病を□(判読不能)せるもの散見せられ、又其の言動も悲観の極、厭戦的、自暴自棄的なるもの比較的多数あり。

戦死者の公表に際して検閲当局は、国民が戦死者の総数を知ることができないよう、戦死者名の公表を、「当該(地方)新聞の直接関係ある地方の戦死者名のみに止むること」などの措置を講じていた(中園裕『新聞検閲制度運用論』)。それでも、地域社会の動揺を完全に阻止することはできなかった。四三年五月、仙台予備士官学校に甲種幹部候補生として入校した作家の戸石泰一も、福島・宮城の県境から仙台市まで連続行軍を行なった際に、ほとんど二軒に一軒の割合で、「戦死(歿?)者の家」という「新しい木の標札」が掲げられているのを目撃している(戸石『消燈ラッパと兵隊』)。

戦死者の遺骨

遺族にとってさらに衝撃的だったのは、戦死者の遺骨が収められているはずの白木の箱の中には実骨はなく、その代わりにガダルカナル島の海浜の砂と称されるもの=「留魂砂」が収められていたことである(波平恵美子『日本人の死のかたち』)。そもそも、日本人の死者儀礼においては、通夜・葬式の際に、死んだ人の遺体もしくは遺骨が必ず安置されているのが前提であり、参礼者の礼拝は、遺体か遺骨に対して行なわれる。戦前では、遠隔地の戦闘で戦死した兵士の遺体をそのままの形で本国に還送するのは、技術的に不可能だったから、現地で火葬し、遺骨を還送するのが通常の形だった。しかし、日中戦争の長期化にともなって日本軍も苦戦を強いられるようになると、戦闘の渦中で戦死者の手首や小指などを切り取り、遺体そのものは遺棄して、戦闘終了後に手首や小指だけを焼いて還送することが、一般化していった。

ところが、ガダルカナル島をめぐる攻防戦では、そのような代替措置すら不可能となり、この頃から、実骨のない、砂や小石を収めた白木の箱が急増してゆく。そのことは遺族の不満を強めていった。四三年六月二七日付の『朝日新聞』には、「凄壮苛烈な近代戦　時に遺骨還らず　軍当局　銃後の覚悟を要請」という見出しの記事が掲載されているが、この記事の中でも、

「遺族はその一握の砂、一片の果皮〔祭壇への供物〕をも勇士の形見と崇め、決して遺骨の還らざるを嘆いてはならないのである。これぞ軍国の父母、妻子の覚悟である」と強調されている。遺族にあきらめを説くこのような記事が掲載されること自体、遺族の側に不満がたかまりつつあることの証左だといえるだろう。

ちなみに、戦争末期に歌われた替歌の中に、次のような興味深いものがある（有馬敲『時代を生きる替歌・考』）。

〽きのう召された蛸八《たこはち》が　弾にあたって名誉の戦死　タコの遺骨はいつ帰る　骨がないので帰らない　タコの親たちゃかわいそう

この歌には、いくつかのバージョンがあるが、元歌は、高峰三枝子のヒット曲、「湖畔の宿」、「蛸八」とは、満州事変期に『婦人子供報知』に連載された人気漫画、「蛸の八ちゃん」の主人公のことである。実骨のない白木の箱を諷刺した替歌だと考えられる。

不穏歌謡の流行

ちなみに、内務省警保局保安課『思想旬報』第三号（一九四四年四月三〇日）によれば、戦局の悪化と国民生活の窮乏化にともない、四三年春頃から、反軍的・厭戦的で時には「不敬」な内容の「不穏歌謡」が国民の間にひろがっていた。これらの「不穏歌謡」は、当初は「主として青壮年工場労務者方面に口吟《くちずさ》まれ」、その後、「一般青壮年方面に伝播し」、最終的には、国民学校(現在の小学校)児童の間にまで拡大していったという。この『思想旬報』第三号は、右の「蛸八」の替歌などとともに、次のような「不穏歌謡」をも採録している。歌詞中の「宮城」とは、皇居のことであり、「大日本帝国」の運命を暗示するかのような、まさに「不穏」な内容である。

〽一城焼けた　二城焼けた　三城焼けた
四城焼けた　五城焼けた　六城焼けた
七城焼けた　八城焼けた　宮城焼けた

なお、四四年当時、国民学校の六年生だった作家の小関智弘も、友人の一人から、「日本の軍隊と夜店のバナナ、勝った(買った)勝ったで、負けてゆく負けてゆく」という替歌を教えてもらっている(小関『東京大森海岸　ぼくの戦争』)。「不穏歌謡」は、国民の潜在意識を映し出す鏡のような役割を果たしているように思われる。

生活の悪化と国民意識

とはいえ、報道統制によって、戦局の深刻な実相が国民に知らされないという状況の下では、国民意識に直接の影響を及ぼしたのは、国民にとって最も身近な日々の生活の問題だった。特に影響が大きかったのは、主食である米の不足である。四四年一月、内務省警保局外事課は、私信の検閲から知り得た情報に基づき、「通信検閲より見る最近の食糧事情と国民思想の動向」をまとめた。分析の対象となったのは、四三年一〇月以降、東京周辺から中国や満州に送られた外国郵便だが、この報告書はその冒頭部分で、分析の結果を次のように結論づけている。

最近通信検閲に於て特に目立つて来てゐるのは、主要食料品、特に飯米不足等を訴へるもので、これに関連して厭戦的記述をなすもの、或は政治不信を強調するもの等も見受けられる。

具体的事例としてあげられているものの中から、一例を次に引用しておこう。

毎日腹がへつて、腹の虫がグウグウ言つて、気持が悪くて眠れません。早く戦争が終つて呉れなくては、国民は飢餓のため皆病気になつて、精神的にも駄目になつてしまひます。ツクヅク生きることが嫌になつて仕舞ひます。（東京・男）

同時に、この報告書は、闇取引の横行にも神経をとがらしていた。闇取引の拡大は、配給だけでは生きてゆくことのできない現実を反映しているが、同時にそれは、「役得」や「顔」や「コネ」によって豊富な物資を手に入れることのできる人々、あるいは闇取引によって不当な利益を得ている人々の存在を浮きぼりにする。そこから生まれるのは、社会的不平等に対する自覚と政治に対する不信感である。右の報告書も、「物資不足に基因する厭戦的通信が更に発展して、軍、官、富豊階級が統制をくぐつて、何等不自由なき生活をなす等、刺激的記述をなすものも散見せらる」として、いくつかの事例をあげている。例えば、次のような通信である。

「乏しきを憂へず、均《ひと》しからざるを憂ふ」と申しますが、現今は全く「均しからず」です。物資が少ければ少い様に、全都民に公平に配給せらるゝなれば、誰しも不平や不満は申しません。然るに大官の物置小屋には砂糖袋が何俵も積み上げてあつたり、或る高官の台所の床下には水菓子や野菜が一杯詰めてあつたり、上層の人の多くは闇や顔で、何の不足もなく日を送つて居り、口だけは世間並に、時局下我慢して此の難局を乗り切れと講演してゐる。実に馬鹿々々しい。

清沢洌が、四三年四月三〇日の日記に、「「星、碇《いかり》、顔、闇、列」の世の中だ。世の中は星にいかりに闇に顔。馬鹿者のみが行列に立つ　という歌が流行している」と書きとめているのは、よく知られているが、この歌の流行は、右のような意識がかなり広範囲に存在していたことを示している(『暗黒日記』)。「星」とは陸軍を、「碇」とは海軍をさしているが、生活必需品の確保という面では、軍関係者や「顔役《かおやく》」が幅をきかせ、コネや金もない一般の正直者だけが、乏しい物資の配給を求めて行列に並んでいる、というのがこの歌の意味するところだからである。

第4章　総力戦の遂行と日本社会

政府と軍は，アッツ島守備隊の全滅を戦意高揚キャンペーンに最大限に利用した．写真は大政翼賛会のポスター(広島市公文書館編『ひろしま今昔』)．

1　マリアナ諸島の失陥と東条内閣

ニューギニアとソロモン諸島

一九四三(昭和一八)年二月のガダルカナル島撤退以降も、日本は広大な占領地を依然として確保しようとしていた。本来ならば、国力の限界を越えて拡大してしまった占領地を思い切って縮小し、海軍航空部隊の再建をはかりつつ、要地の防衛態勢を強化しなければならなかったはずだが、戦線の縮小と立て直しは容易には実現しなかった。一つには、陸軍がガダルカナル島での敗北を、ニューギニア戦線での攻勢で埋めあわせようとしたからである。このため、大本営はニューギニア方面を担当する第一八軍に三個師団を増強することを決定し、第二〇師団と第四一師団のニューギニア輸送には成功した。しかし、最も緊急に兵力を増強する必要があったラエ、サラモアへの第五一師団の輸送は、四三年三月、連合軍機の攻撃によって阻止され、日本側は輸送船八隻、護衛の駆逐艦四隻を失うという大損害を蒙った(ダンピールの悲劇)。

連合国側ではビスマルク海海戦とよばれたこの戦闘では、米軍機や豪軍機が、漂流する多数の日本兵に対して数日にわたって機銃掃射を反復し、出撃した魚雷艇が海上を捜索して日本兵を射殺した。戦後のオーストラリア社会では、漂流中の無抵抗の日本兵を機銃掃射で殺害するのは、戦争犯罪にあたるという批判の声があがり、大きな論争に発展している。

その後、ニューギニア戦線では、連合軍が本格的な攻勢に出て、日本軍はじりじりと後退を余儀なくされてゆく。補給の杜《と》絶《ぜつ》によって、多数の将兵が餓死したのも、この戦線の大きな特徴だった。ニューギニアは、島といっても、世界第二位の大島であり、中央部には四〇〇〇〜五〇〇〇メートル級の山脈が東西に連なり、内陸部はジャングルでおおわれている。海岸線部分は湿地帯で相互に分断され、海岸線沿いの陸上交通路は未整備である。つまり、制海権とその前提となる制空権を掌握しない限り、各地に孤立した守備隊への補給は困難となる。

しかし、陸海軍は、この方面に二〇〇〇〜三〇〇〇機、あるいはそれをこえる航空機を投入して一大航空消耗戦を展開したが、連合軍の攻勢を阻止することはできず、制空・制海権を連合軍側に奪われた（田中宏巳『BC級戦犯』）。その結果、多数の餓死者が発生することになったのである。ニューギニアの第一八軍の戦没者数は約一〇万名、そのうち約九万名が餓死者であったと考えられる。

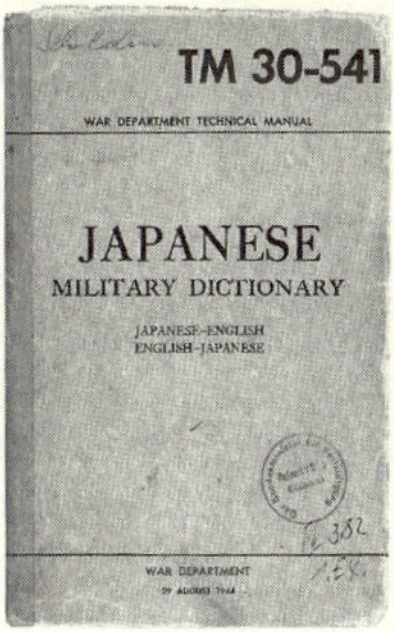

図**4-1**　アメリカ軍は，開戦と同時に，日本語のできる要員を大量に養成し，情報戦や心理戦に従事させた．写真はアメリカ陸軍省が作成した和英・英和軍事用語辞典．

一方、海軍はソロモン諸島の確保に固執していた。この地域が突破されて、ニューブリテン島のラバウルが占領されてしまうと、連合艦隊の最大の根拠地であるトラック島が米軍大型爆撃機の行動圏内に入るからである。

こうして、戦線の縮小と立て直しが進まないうちに、四三年四月一八日には、ソロモン諸島の前線基地を視察中の山本五《い》十《そ》六《ろく》連合艦隊司令長官が、機上で戦死した(公表は五月二一日)。日本軍の暗号解読によって、山本の前線視察を事前に探知した米軍は、一六機の戦闘機による待ち伏せ攻撃で、山本の搭乗機を撃墜したのである。情報戦における日本軍の敗北を象徴する事件である。

アッツ島の「玉砕」

続いて、五月一二日には、アリューシャン列島のアッツ島に米軍の一個師団が上陸を開始した。約二五〇〇名の日本軍守備隊は、激しく抵抗したが、優勢な米軍にしだいに圧倒されて、二九日には最後の突撃を行ない全滅する。突撃に際して、動けない傷病兵は日本兵の手により「処置」された。大本営は、当初、大規模な増援作戦を計画したが、成算を得られないため計画を中止し、結局は守備隊を見捨てることになった。

翌三〇日の大本営発表は、守備隊の全滅を報じたが、その中では、「爾後《じご》通信全く杜絶、全員玉砕せるものと認む」という形で、初めて「玉砕」という表現を使用した。「玉砕」とは、玉が美しく砕けるように、最後まで戦っていさぎよく死ぬことの意味であり、この日のラジオ放送では、大本営陸軍報道部長の谷《や》萩《はぎ》那《な》華《か》雄《お》少将が、「守備せる全員悉《ことごと》く玉砕し、かくてアッツ島は皇軍の神髄発揮の聖地として永遠に歴史の上に記されることになりました」と絶叫した。以後、孤島の守備隊が全滅するたびに、凄惨な戦場の現実を隠蔽する玉砕キャンペーンが展開されることになる(本章扉参照)。

しかし、その後、タラワ島・マキン島の守備隊の全滅を報じた四三年一一月二〇日付の大本営発表では「全員玉砕せり」の表現が使われてはいるものの、クェゼリン島・ルオット島の守備隊の全滅を報じた翌四四年二月二五日付の大本営発表では、「全員壮烈なる戦死を遂げたり」の表現に変わり、以後、「玉砕」の二文字は基本的には使われなくなる。清沢洌も、四四年三月一七日の『暗黒日記』に「「玉砕」という文字は使わなくなったそうだ」と書きつけている。

この政策変更は、「玉砕」という表現が、逆に日本軍の無力さを国民に印象づける結果になるという判断に基づいていると考えられる。当時、海軍大佐として軍令部に勤務していた高松宮宣仁《のぶひと》親王(昭和天皇の弟宮)は、四三年一二月二〇日の日記に、「「玉砕」はもう沢山。さうした重圧をやいの〳〵と云はれることは国民の緊張した感情に、も早や耐へられぬと云ふ程度と推察せらる」、「国民は素《もとよ》り今「玉砕」を否定はしない、併《しか》し何とかならぬかと云ふことは常に考へる。結論として飛行機が足らぬと思ふであらうが、海軍の制海力の不足も「クローズアップ」される」と書き、翌四四年一月五日には、嶋田繁太郎海相に、「玉砕と国民精神問題」について申し入れを行なっている(『高松宮日記7』)。「玉砕」という一見、美しい表現は、両刃《もろは》の剣でもあったようだ。

アッツ島占領後、米軍は、ソロモン諸島や東部ニューギニアでの作戦を活発化させ、長く伸び切った日本軍の作戦線は、深刻な脅威にさらされた。このため、戦線を縮小して後方要線の防備をかためつつ、連合軍に対する本格的決戦に備えるという点で、おおまかな合意が陸海軍間でようやく形成された。

「絶対国防圏」の設定

この結果、四三年九月三〇日の御前会議は、「今後採るべき戦争指導の大綱」を決定する。戦線を縮小・整理して後方要線をかため、千島・小笠原・内南洋・西部ニューギニア・スンダ・ビルマをつらねる線を、「絶対確保すべき要域」、すなわち、「絶対国防圏」として設定した新たな戦略の決定である。この要域内で持久態勢をかためつつ、連合軍の来攻に対しては、機動部隊と各地域の基地航空部隊を機動的に運用して決戦をいどむというのが、その基本構想だった。なお、ちょうどこの頃、ヨーロッパ情勢も一つの転機を迎えていた。九月八日、イタリアが連合国に降伏したのである。

しかし、「絶対国防圏」の強化は遅々として進まなかった。トラック島の確保を依然として重視する海軍が、「絶対国防圏」の圏外に位置する前方要線の放棄に踏み切れなかったからである。このため、四三年一一月、米軍が前方要線のギルバート諸島のマキン・タラワ両島への上陸を開始すると、連合艦隊は、基地航空部隊に攻撃を命じたが、米軍の反撃によって貴重な航空戦力をすりへらしてしまう結果になった。なお、両島の守備隊は、数日間の戦闘の後に全滅した。

防衛態勢の強化が進まなかったのには他にも理由がある。一つは、中国戦線の日本軍の転用問題である。中国戦線には、四二年前半の時点で、二四個師団、一六個混成旅団という大きな兵力が拘束されていた。南方戦線における戦局の悪化にともない、四三年一〇月から師団単位の南方への転用が開始され、さらに五個師団を大本営直轄として、南方への転用のために集結させることが決定された。「甲号転用」である。しかし、後述するように、支那派遣軍が四四年一月から一号作戦(大陸打通作戦)を開始したため、南方への兵力転用は困難となり、四四年一月、「甲号転用」は正式に中止された。結局、中国戦線からの兵力の転用は部分的なものとなり、対米戦のために太平洋戦線に転用された兵力の大部分は、満州にある関東軍から抽出された部隊と日本の内地で新たに編成された部隊だった(等松春夫「日中戦争と太平洋戦争の戦略的関係」)。

海上輸送力の低下

防衛態勢強化のもう一つのネックは、海上輸送力の大幅な低下である。すでに、連合軍の潜水艦や航空機による集中攻撃によって、船舶の喪失が急増し、兵員輸送用の輸送船すら決定的に不足するようになっていた。四四年初頭、大本営は、中部太平洋方面の防備を速やかに強化することを決定し、三月から五月にかけて、サイパン島、トラック島、グァム島、硫黄島《いおうとう》、ペリリュー島への緊急優先輸送を実施した(「松輸送」)。この段階でもなおトラック島の確保が重視されていることに注目する必要がある。しかし、輸送船の不足から、兵員居住区一坪あたりの兵員数は一八・五名にも達する「狭縮搭載」となり、実際には半数以上の兵員は吹きさらしの上甲板で起居するという異常な輸送となった。なお、四四年一月から六月の間に中部太平洋方面に輸送された兵員数は四万五〇〇〇名、このうち潜水艦などの攻撃によって乗船が沈没し「海没」した人員が一万二〇〇〇名、うち戦死者は三六〇〇名である(三岡健次郎『船舶太平洋戦争』)。

一号作戦

米軍の攻勢は続いた。四四年二月二日、米軍はマーシャル諸島のクェゼリン・ルオット島に、一九日にはブラウン環礁に上陸し、日本軍守備隊が相ついで全滅した。また、一七日から一八日にかけて、米軍の機動部隊がトラック島を攻撃して、日本軍は、航空機二七〇機、艦船四十数隻を失うという大損害を蒙った。これによりトラック島は完全に基地機能を喪失する。

こうして、南方戦線での米軍の攻勢が続いていたにもかかわらず、この時期、大本営は大きな戦略的ミスをおかしていた。一号作戦とインパール作戦の開始である。四四年一月、大本営は、支那派遣軍に一号作戦(大陸打通作戦)の実施を命じた。作戦の目的は、中国大陸にある米軍航空基地を占領して本土空襲を阻止することと、日本本土と南方を結ぶ海上交通路が切断されつつある状況の下で、中国大陸を南北に結んで南方との陸上交通路を確保すること、以上の二点である。四月から開始されたこの作戦で、日本軍は、京漢・粤漢《えつかん》・湘桂線の沿線地域を占領して、一二月には、仏領インドシナにある南方軍との連絡に成功する。参加兵力四一万名、作戦距離約二〇〇〇キロに及ぶ大作戦だった。車両の不足、中国軍による道路や鉄道の徹底した破壊、在中米空軍の活発な活動などによって、この作戦に参加した日本軍将兵の多くは、徒歩での行軍を余儀なくされた。このため、日本兵は自己の負担を少しでも軽くしようとして、拉致した中国の民間人に、食糧や装備を運搬させた。第三七師団歩兵第二二七連隊の中隊長として、華北から仏領インドシナに至る作戦行動に参加した藤崎武男は、日本兵が「苦力《クーリー》」とよんだ中国人について、次のように回想している（藤崎『歴戦一万五〇〇〇キロ』）。

第三十七師団が仏支国境を越えて、仏印（中略）に入ったとき、兵の数よりも、この苦力の数が多かった。同地の駐屯部隊はこれをみて、第三十七師団といわず〈苦力部隊〉と呼んだくらいである。作戦行動が始まると、いつのまにか住民を拉致し、ほとんどは強制的に苦力として、荷物を運搬させたからである。なかには、華北で拉致され、華中、華南を経て、仏印まで、文字どおり中国大陸を二本の足で縦断し、日本軍と行動を共にした苦力もいた。

この作戦で日本軍は、米軍航空基地を占領し、仏領インドシナとの間の陸路の打通にも成功して、形の上では作戦目的を達した。しかし、実際には、航空基地はすでに奥地の成都などに移動していたし、四四年七〜八月にマリアナ諸島が陥落すると、マリアナ諸島に建設された航空基地が、日本本土空襲のための主要基地となった。また、南方との陸上交通路も、鉄道、道路の徹底した破壊や米軍航空部隊の活動によって、すでに交通路としての実質を失っていたのである。この一号作戦が蔣介石の国民政府を苦境におとし入れたのは確かだが、作戦目的という点からすれば、実質的には意味のない作戦だったといえよう。

インパール作戦の失敗

一方、牟田口廉也《むたぐちれんや》中将の率いる第一五軍は、イギリス軍のビルマ反攻作戦を阻止し、あわせてインド国内における反英運動を高揚させるため、アッサム州の州都、インパールの占領を目的として、インパール作戦を計画した。この作戦には、補給上無理があるとする慎重論が根強く存在したにもかかわらず、牟田口軍司令官は作戦を強行し、四四年三月には、第一五軍の三個師団がインド領内に進攻、アラカン山脈を突破してインパールに向かった。

英軍が意図的な後退戦術をとったこともあって、当初、作戦は順調に進展し、四月上旬にはインパール包囲の態勢が整えられたが、空中補給によって兵力を増強したイギリス軍がここで反撃に出る。補給線が長く延び切ったところを突かれた日本軍は、武器・弾薬・食糧などの補給が続かず、総くずれとなって退却を開始した。山岳地帯のこの退却戦は、食糧や医薬品の不足などによって、多数の餓死者、病死者を出す悲惨なものとなった。また、この地方が雨季に入っていたことも事態をいっそう悪化させた。激しい雨の中での行軍は、日本軍将兵の体力を著しく消耗させたからである。

　退却する兵士の中には、疲労と衰弱のあまり自殺する者も跡を絶たなかった。独立工兵第二〇連隊の西地保正曹長は、次のように回想している（玉山和夫、ジョン・ナンネリー『日本兵のはなし』、図4－2も参照）。

図**4-2**　インパールからの退却戦では，衰弱して回復する見込みのない兵士には，手榴弾が渡され「自決」するよう促された．手榴弾を渡された兵士は，にじりよって上官に抗議した．独立工兵第20連隊，西地保正曹長の作品である（玉山和夫，ジョン・ナンネリー『日本兵のはなし』）．

「今日は大分気分がいいから、お先に行くよ。あとで追いついて来いよ」こう言って、兵士は一人で出て行った。しばらく行ってから、我々は彼が死んでいるのに出くわした。道の真ん中で自決していた。後から我々が来るのを知っていたので、遺体の始末をして欲しかったのだろう。まだ歩けたのにと、みんなは彼の決心に驚いた。だが、彼の性格から考えて、部隊のお荷物になりたくなかったのだろう。若い兵士たちが彼にしがみついて涙にむせんだ。（中略）休憩しているとき起こったこの事件を目撃した負傷兵は、彼が足の親指で銃の引きがねを引くのを見たと話していた。

四四年七月にインパール作戦は中止されるが、この無謀な作戦の結果、参加人員約一〇万名のうち、三万名の日本兵が戦死し、二万名が戦病死したとされる。また、この作戦の失敗によって、ビルマ防衛線の崩壊が決定的となった。

（1000円）

1944	（%）	1945（4～8月）	（%）
30,027,699	(40.9)	29,586,148	(71.1)
1,163,246	(1.6)	2,282,546	(5.5)
2,294,446	(3.1)	1,711,315	(4.1)
27,827,558	(37.9)	6,836,672	(16.4)
12,165,842	(16.6)	1,200,704	(2.9)
73,478,791	(100.0)	41,617,385	(100.0)

本来ならば、この二つの作戦の行なわれた時期に、大本営は太平洋戦線での対米決戦に向けて、全力を集中しなければならなかったはずである。それにもかかわらず、大本営は二つの作戦の開始を認めてしまったことによって、戦略的重点の設定に失敗した。表4－1は、臨時軍事費の地域別支出済額である。軍需生産の中心である日本本土での支出額が多いのは当然だが、四四年の場合、一号作戦が行なわれた中国戦線での支出が全体の三七・九％にも達していることがわかる。これに対して、南方戦線の支出は、一六・六％にすぎず、インパール作戦を考慮に入れるならば、対米正面での戦費支出は、さらに押し下げら

表4-1　臨時軍事費地域別支出済額

年度＼地域	1941	(%)	1942	(%)	1943	(%)
内地	6,562,124	(69.2)	14,074,360	(75.1)	20,030,541	(67.1)
朝鮮・台湾	342,527	(3.6)	387,550	(2.1)	510,879	(1.7)
満州	1,199,683	(12.6)	1,405,833	(7.5)	1,661,802	(5.6)
中国	1,061,827	(11.2)	1,511,813	(8.1)	4,301,637	(14.4)
南方	320,857	(3.4)	1,373,587	(7.3)	3,328,347	(11.2)
計	9,487,018	(100.0)	18,753,143	(100.0)	29,833,206	(100.0)

大蔵省昭和財政史編集室編『昭和財政史4』より

れることになる。中国大陸とインパールに足をとられて、アメリカとの決戦の準備が大きく立ち遅れたのである。

こうした状況のなかで、四四年六月一五日、米軍がマリアナ諸島のサイパン島への上陸作戦を開始した。

サイパン島陥落

同島の防衛戦の主力である第四三師団主力のサイパン到着が五月一九日だから、戦備強化の立ち遅れは明らかである。この時、アメリカ海軍との決戦の機会を求めていた連合艦隊はただちに機動部隊を出撃させ、その結果、日米の機動部隊の間でマリアナ沖海戦が戦われた。日本側の参加兵力、大型空母＝三隻、小型空母＝六隻、アメリカ側の参加兵力、大型空母＝七隻、小型空母＝八隻という、かつてない規模のこの戦闘は、アメリカ側の圧勝に終わった。六月一九日、アメリカの機動部隊を発見した日本海軍は、遠距離から攻撃隊を発進させて先制攻撃をくわえたが、レーダーで来襲を探知して待ち伏せしていた米戦闘機群の迎撃にあって次々に撃墜され、機動部隊の上空にようやく到達した攻撃機も、米軍の強力な対空砲火によって撃ち墜とされた。「マリアナの七面鳥撃ち」とよばれた一方的戦闘である。また、この段階では、パイロットの技量という面でも大きな格差が日米間で生じていた。充分な訓練を積んだアメリカ側に対して、日本のパイロットは、訓練も不充分で飛行時間も極端に短い者が大部分だったからである。結局、この海戦で日本海軍は、大型空母＝二隻、小型空母＝一隻を失い、基地航空部隊も壊滅した。アメリカ側の損害は、大型空母＝一隻、小型空母＝一隻の損傷だけである。日本海軍の機動部隊による事実上、最後の戦闘であるといってよい。

一方、地上戦でも、強力な艦砲射撃と航空攻撃に支援された米軍の攻撃によって、日本軍はしだいに組織的な抵抗能力を失い、七月七日に最後の突撃を行なって全滅した。また、米軍は、七月二一日にはグァム島へ、二四日にはテニアン島への上陸を開始したが、両島ともに日本軍守備隊による組織的戦闘は八月上旬までに終わっている。

サイパン島をめぐる攻防戦では、日本軍守備隊四万四〇〇〇名のほかに、日本の民間人一万二〇〇〇人と、先住民のチャモロ人・カナカ人数百人が、戦闘にまきこまれて戦没している。日本の民間人の多くは、沖縄県からの移民であり、サイパン戦は、多数の民間人をまきこんだ最初の地上戦となった。米軍に捕えられることを恐れて、サイパン島北端のマッピ岬の断崖から身を投げる日本人女性の姿が、米軍カメラマンのカメラにとらえられている。

そうした戦闘であるだけに、サイパン島陥落後の四四年九月六日に召集された第八五臨時議会では、民間人戦没者の処遇問題が取りあげられた。九月一五日の衆院予算委員会で、中島弥《や》団次《だんじ》委員が、民間人戦没者を軍属として取り扱い、靖国神社に合祀することを主張したのである。これに対して、首相も陸・海相も前向きな姿勢を示したが、この合祀は結局は実現しなかった（澤地久枝『ベラウの生と死』）。総力戦の時代は、民間人の戦争協力を必要不可欠なものとし、民間人の戦没者の数も、過去の戦争と比べて急増する。国家の側にも、そうした戦争の様相の変化に対応して、戦没者追悼のための新たな国家儀礼の場を創出することが客観的には求められていたにもかかわらず、その役割を靖国神社が果たすことには無理があった。靖国神社は、現在に至るまで、基本的には天皇のために戦い、天皇のために戦死した軍人・軍属だけを、慰霊し顕彰する施設にすぎないからである。

なお、当初、大本営はサイパン島の防衛に絶対の自信を持っていたが、その最大の理由は、制空・制海権を掌握した米軍の強襲上陸作戦能力を過小評価していたからである。当時、参謀本部第一部長の要職にあった真田穣一郎《さなだじょういちろう》は、戦後、なぜサイパン島の防備強化が遅れたのかという米軍関係者の質問に対して、「「サイパン」を攻略せらるる迄、吾々の考え至らず為に米側のＫＢ（機動部隊）所属の航空支援下に上陸作戦の強行が可能との判断をなしあらざりし事が今から考えて呑気《のんき》なりし一因なりし事」と回答している（佐藤元英・黒沢文貴編『ＧＨＱ歴史課陳述録　終戦史資料㊦』）。

「呑気」な幕僚の最大の犠牲者は、米軍の圧倒的な火力にさらされて絶望的な戦闘を強いられた日本軍の兵士たちだが、実際、陸軍中央が対米戦の重要性を認識するのには、かなりの時間がかかった。陸軍の教育の最高責任者である教育総監が部内並びに隷下諸学校に対して訓令を発し、「今後の教育、研究は主としてあ号作戦〔対米戦〕に転換する」と指示したのは、四三年九月のことである。しかし、サイパン島陥落後の四四年八月に教育総監部が作成した「現下に於ける軍隊教育指針」においてさえ、「敵は米英である、分り切つたことを述べる様であるが、此の点軍隊一般の日常の訓練に明確に現れていない」と指摘されている。対ソ戦のための教育、訓練、装備を一貫して重視してきた陸軍にとって、対米戦への転換は、容易な課題ではなかったのである。

戦意の低下

サイパン島の戦闘で見逃すことができないのは、この頃から日本軍の戦意に明らかなかげりが見え始めるという事実である。すでに、その徴候は、四三年頃から現われ始めていた。四三年一〇月二四日、陸軍次官は、「皇軍将兵の本領発揮に関する件」を全陸軍に通牒している。「一部に於て士気沈滞の兆《きざし》を認むるは極めて遺憾とする所なり」としたこの異例の通牒は、「懐郷の念」にかられて戦闘への参加を拒否した高級将校の事例、「情婦思慕の情」から、許可なく内地帰還した現役大尉の事例、さらには、第一線の兵士や下士官の中から、敵側に逃亡する「悪質奔敵事犯の発生」が跡を絶たない事実などに具体的に言及しながら、「此の如きは孰《いず》れも、聖諭〔天皇の勅諭〕に悖《もと》り皇軍の伝統を汚し其の本分に背くものなるを以て厳に監督指導を徹底せられ度《たし》」と結んでいる。

こうした士気の低下は、サイパン戦でも、はっきりと現われている。サイパン島での日本軍の戦死者数は四万四〇〇〇名だが、これとは別に二三〇〇名という多数の日本兵が米軍の捕虜となっている。この中には、少佐・中佐クラスの高級将校が含まれている。四一年一月、東条英機陸相が布達した「戦陣訓《せんじんくん》」(日本軍の将兵が守るべき戦場道徳を説いたもの)は、「生きて虜《りょ》囚《しゅう》の辱《はずかしめ》を受けず」という形で、従来から日本軍の中に根強かった捕虜になることを恥辱とする思想を公式に定式化し、投降を禁じていた。最初の「玉砕」であるアッツ島の場合は、捕虜となった日本兵は二九名で、これは全兵力の一%強にすぎない。これに対してサイパン戦の場合は、全兵力の約五%が捕虜となった(秦郁彦『日本人捕虜(下)』)。また、サイパン島でもグァム島でも、日本軍の組織的抵抗が終わった後に、ジャングルに逃げこみ、戦闘をやめて「遊兵」化している日本兵が多数存在している。日本兵の戦意は確実に低下していたの

図 **4-3**　1944 年 7 月，グァム島で捕虜となった日本兵．米軍の情報将校による尋問を待っている．戦争前半期の日本人捕虜は，反抗的な態度を示したり，極端に怯えていた者が多かったが，この捕虜の表情から伝わってくるのは静かな諦念だけである．Christopher Phillips, *Steichen at War*.

である(図4−3)。このマリアナ諸島の失陥によって、日本の敗戦は、もはや決定的となった。以後、戦局は見通しのない絶望的抗戦期に移行する。

首相の権限強化

悪化する戦局を、東条内閣は、首相の権限強化で乗り切ろうとした。四三年三月、東条内閣は勅令で戦時行政職権特例を制定し、五大重点産業(鉄鋼・石炭・造船・軽金属・航空機)の生産増強に関して、首相の各省大臣に対する「指示」権を認めた。戦前の法令には、法律と勅令の二種類があり、法律は議会の協賛=通過を必要とするもの、勅令はそれを必要としないものである。すでに述べたように、国務各大臣による単独輔弼制の下では、内閣総理大臣は国務大臣でもある各省大臣に命令する権限を持たない。しかし、戦時行政職権特例の制定によって、首相は、生産増強に関して、行政長官としての各省大臣に対しては「指示」権を与えられ、その場合の「指示」は、指揮命令を意味するとされた。首相の「指示」権は、国務各大臣による輔弼の職務にまでは及ばないとされ、また、戦時生産の増強に関する事項に限定されていたとはいえ、首相の権限強化という点では、重要な「一歩前進」だった。

また、これに関連して、戦時生産に関する首相のブレーン組織として、内閣顧問と戦時経済協議会が新たに設置されている。

さらに、四四年二月には、東条英機陸相が参謀総長を、嶋田繁太郎海相が軍令部総長を兼任するという異例の措置がとられた。戦局の悪化にともなって、国務と統帥の分裂、統帥部内における陸海軍の対立が深刻化するなかで、陸海軍の内部からさまざまな改革構想が生まれてきていた。大本営陸軍部（参謀本部）と大本営海軍部（軍令部）を完全に統合し、大本営幕僚部総長を一名置く案、陸相と参謀総長、海相と軍令部総長の兼任案などである。特に陸軍は大本営の一元化に積極的だったが、陸軍に主導権を奪われることを恐れた海軍が消極的だったため実現せず、結局、陸海軍大臣がそれぞれ統帥部長を兼任するという右の措置に落ちついた。

軍事機構の分立制に直接のメスが入れられたわけでは決してなかったが、この結果、東条首相は陸相と参謀総長とを兼任することによって、陸軍に関しては国務と統帥の統合を人的に実現し、また、参謀総長の資格において、軍令部総長と直接交渉できる権限を獲得したのである（鈴木多聞「軍部大臣の統帥部長兼任」）。

東条離れ

しかし、東条首相の政治的資産の一つだった強い国民的な支持にもかげりが見え始めていた。四三年一二月四日、小畑敏四郎《おばたとしろう》中将は、細川護貞に対し、「国内の政治については、民心はもう全く、東条内閣からは離れて居る様だ。最近迄は、比較的上層の知識階級のみの様にも思つて居たが、今日は上下を通じて離れて居る」と語っている（『細川日記』）。統制派の東条と対立する皇道派の将軍の発言であるだけに多少割り引いて考える必要があるが、「下層」の「東条離れ」が静かに進行しているという事態を冷静に観察しているように感じられる。

そもそも、東条に対する国民の支持は、東条個人のパフォーマンスによるところが大きく、制度的・政策的裏付けを欠いていた。例えば、東条首相は、四二年二月五日の衆院請願委員会に出席し、「国民よりの請願は憲法において与えられた重要な権利であり、また下意上達の一つの重点であると考える」と発言して、政府の施策の上に民意を反映させる姿勢を強くアピールしている(『朝日新聞』一九四二年二月六日付夕刊)。同紙二月五日付夕刊によれば、首相の請願委員会への出席は、一九一〇(明治四三)年の桂太郎首相以来のことだとされている。

しかし、衆院通常議会ごとの請願の受理件数は、日中戦争期の一〇〇〇件前後がアジア・太平洋戦争期には四〇〇件前後に低下していたし、四四年二月二日の請願委員会では、坂東幸太郎委員が、「請願者圧迫に関する重大問題」について異例の質問を行ない、議会への請願書提出に警察が干渉する事実があるのは、「下情上通権の抹殺」であるとして、政府の姿勢を厳しく批判している(古川隆久『昭和戦中期の議会と行政』)。請願委員会での東条首相の言明は、実質をともなうものではなかったのである。

また、厳重な報道統制にもかかわらず、国民が悪化する戦局をしだいに認識するようになっていたことも、東条内閣への国民の反応を微妙なものとした。四四年二月に、海軍大学校研究部がまとめた同校嘱託、高山岩男の口述、「敗戦意識の種類及び対策」は、国民の戦局認識について次のように指摘している。

> 南方戦線に於ける悲惨なる苦戦は帰還将卒の口より洩れ伝はり、特に我が軍の損害の大本営発表及び新聞に出ざるものあるを知るにつれ、正式発表の倍の損害を常に考慮し、凡て発表を割引しつつ聞き、往時程大本営発表を信頼せず、戦果の発表に秘かに我が損害を加へて判断するの状態なり。

東条のいらだち

東条自身も、戦局を挽回できないといういらだちのなかで、神経をたかぶらせ、感情的な言動が目立つようになる。東条内閣に批判的な新聞記者などの「懲罰召集」、東条反対派の軍人に対する激戦地への転任命令、中野正剛《せいごう》などの政敵に対する徹底した弾圧、新聞報道への異常な関心と執拗な検閲要請、等々はよく知られている。なお、中野は憲兵隊の取り調べをうけた後に割腹自殺している。

同時に、極端な精神主義への傾斜が周囲の顰蹙を買うようにもなった。四四年五月、東条陸相は、陸軍航空士官学校を抜き打ち視察した。この時、東条は、生徒の一人に、「敵機は何で墜とすか」と試問し、その生徒が機関砲で、と答えると、「違う。敵機は精神力で落とすのである。したがって機関砲でも墜ちない場合は、体当たり攻撃を敢行してでも撃墜するのである。

すなわち精神力が体当たりという形になって現れるのである」と説諭した。さらに、東条は、視察終了後、職員・生徒を集めて訓示を行ない、本校の教育には失望したとして、「決死敢闘の気魄の昂揚、教育は万事精神主義であるべき」ことを強調して引きあげた。視察後、徳川好敏校長は職員に対し、「東条大将の指摘は一応もっともであるが、本校には本校の行き方があるので、校長の方針に従い職務に勉励せよ」と指示し、宮子実生徒隊長は、「生徒隊長としての従来の指導方針を変えるつもりはない。生徒諸君は今までどおりますます実行力、決死敢闘精神、そして科学的精神を強化する必要がある」と訓示したという（陸軍航空士官学校史刊行会編『陸軍航空士官学校』）。陸軍の内部においてさえ、東条は明らかに空回りしつつあった。

東条内閣総辞職

マリアナ諸島の失陥は、東条内閣に対する決定的ダメージとなった。米軍は、ただちにマリアナ諸島に巨大な航空基地群を建設し、ここに進出してきた最新鋭の大型爆撃機B29の行動圏内に、日本本土のほぼ全域が入ってしまうことになったからである。日本本土に対する本格的な空襲の開始は、もはや必至だった。

すでに、日本の国内でも、反東条・早期和平という方向で、さまざまな政治勢力が近衛文麿の周辺に結集し始めていた。具体的にいえば、岡田啓介大将・米内《よない》光政《みつまさ》大将などの海軍系重臣グループ、海軍内の反東条・反嶋田グループ、陸軍内の反主流派である「皇道派」系の将軍グループ、元内大臣の牧野伸顕の娘むこで外交官僚の吉田茂、その協力者である殖田俊吉《うえだしゅんきち》、戦時議会の反主流派である鳩山一郎などの同交会系議会人などがそれである。また、東条と嶋田による参謀総長、軍令部総長兼任が反東条派を勢いづかせたことも否定できない。この兼任は、「統帥権干犯」という大義名分からの東条内閣批判を可能にしたからである。

マリアナ諸島の失陥を機にして、これらのグループは、東条内閣打倒工作に乗り出し、政局流動化のための引き金を、嶋田海相の更迭に求めた。重臣グループなどの動きを察知した東条は、海相の更迭、陸相と参謀総長、海相と軍令部総長の兼任のとりやめ、重臣の入閣などの措置によって、反東条グループを抱きこみ、内閣の危機を乗り切ろうとした。しかし、岡田や近衛などの画策によって、米内光政は入閣を拒否し、重臣の入閣に必要なポストを確保するために辞任を求められた国務大臣の岸信介《のぶすけ》も辞任を拒否したため、四四年七月一八日、ついに東条内閣は総辞職した。この政変の過程で、天皇と内大臣の木戸幸一が重臣グループの動きを支持したことが、総辞職の決定的要因となった。

当時、東条の陸相秘書官をしていた井本熊男は、「この総辞職の上奏の際も私がお伴をした。宮中に向かう車中で東条首相は深刻な表情であったが、独り言のように「政治をやるものではない、孫子の末まで政治に関することはさせない」と発言されたが、私は聞こえぬ振りをしていた」と回想している（井本『国防の基本問題を考え戦争中の経験を語る③』）。政治化した軍人が政治によって切りすてられた瞬間だが、そのことは、軍部そのものの運命をも暗示していた。

サイパン島の陥落は、一般の国民にも大きな衝撃を与えた。警視庁官房情報課が四四年八月にまとめた「最近に於ける諸情勢　第七輯」は、「民心の動向」について、「其の戦意たるや極めて低調にして（中略）更に日常生活に於ても困苦の一層其の深度を加ふるに随ひ国民思想に与ふる影響亦尠《すくな》からざるものあり」としつつ、サイパン島陥落の影響についても、「一般庶民層に於ては異常なる衝撃を感じつゝも士気頗る振はずして、（中略）大半は戦局の前途に若干の不安危惧を禁じ得ざるものゝ如」しと報じている。国民も明らかに戦局の動向に不安を感じ始めていた。

2　戦時下の社会変容

日本経済の重化学工業化

日中戦争以降の統制経済への移行の下で、日本経済の重化学工業化・軍需産業化が急速に進行した。表4－2は鉱工業の生産額の部門別順位を示しているが、三七年と四二年を比較してみると、日本資本主義の発展を支えてきた繊維部門の凋落と、航空機・軍工廠《こうしょう》などの直接的兵器生産部門の「躍進」とがきわだっている。

四三年に入ると、戦局の悪化にともない、東条内閣は、航空機、船舶などを五大重点産業に指定し、限られた資金・資材・労働力の重点的投入によって、軍需生産の増強をはかろうとした。しかし、企画院の担当する物動計画と商工省の統制監督行政との齟齬《そご》、陸海軍間の対立などによって、生産増強はなかなか軌道に乗らなかった。このため、四三年一一月には、軍需生産の一元化をはかるため、企画院・商工省と陸海軍の航空本部を統合して、新たに軍需省が設置された。また、軍需省の設置にともなって、戦時行政職権特例が改正され、従来、五大重点産業の生産増強に関する事項に限られていた首相の「指示」権が、「重要食料の確保、防空の徹底強化」、「其の他総合国力の拡充運用上特に必要」な事項にまで拡大された。

さらに、同年一二月には軍需会社法の施行によって、政府は、軍需会社に指定された民間企業の経営に、生産増強の見地から全面的に介入できるようになった。しかし、陸海軍の統合という点からみれば、陸海軍の航空本部が軍需省航空兵器総局に統合されただけ

表4-2 鉱工業生産額の順位 (100万円)

	1937年		1942年	
①	鉄鋼	1,644	鉄鋼	2,626
②	綿糸	1,053	陸海軍工廠	2,294
③	広幅綿織物	734	航空機	1,930
④	製糸	510	鉄砲・弾丸・兵器類	1,915
⑤	工業薬品	504	石炭	1,077
⑥	石炭	378	船舶	858
⑦	船舶	357	工業薬品	785
⑧	陸海軍工廠	355	特殊鋼	753
⑨	毛糸	334	電気機械	633
⑩	人絹糸	332	医薬・売薬・同類似品	630
⑪	紙	326	製糸	590
⑫	清酒	316	製材	551
⑬	電力	315	銑鉄	502
⑭	印刷物	258	紙	477
⑮	毛織物	219	金属工作機械	449

三和良一『概説日本経済史 近現代』より

で、海軍艦政本部、陸軍兵器行政本部などの業務は軍需省の管轄外に置かれた。首相権限の強化という面では、かなりの改革が行なわれたとはいえ、軍需生産の一元化は最後まで実現しなかったのである(村井哲也「東条内閣期における戦時体制再編(下)」)。

それでも、兵器生産自体は、四四年までは、ともかくも増大し続けた(表4―3)。

戦争経済の崩壊

しかし、重化学工業の生産力がきわめて低い段階から軍需生産の急速な拡充を開始しなければならなかった日本の場合には、軍需産業に資源や資金が重点的に投入されるため、軍需生産そのものがそれに必要な各種生産財の生産を阻害し、軍需生産の基盤を自らの手で掘りくずしてゆくという事態が生じる。事実、表4―3にみられるように、アジア・太平洋戦争が始まると、一般鉱工業の生産指数は急速に低下してゆく。

さらに、日本の戦争経済にとって致命的な打撃となったのは、開戦前の予想をこえた船舶の喪失だった。企画院の見積りでは、新造船年平均六〇万トンを確保し、船舶の年間喪失量を八〇から一〇〇万トンに押えこむことに成功すれば、四一年度の物動計画水準の物資を確保できるとされていた。ところが、実際には、早くも四二年中に船舶喪失量は一〇〇万トンをこえて、以後、急増を続け、四三年末の船舶保有量は開戦時の七七%に、四四年末には四〇%にまで低下した(表4―4)。

この結果、南方から日本本土への戦略物資の輸送は不可能となり、日本の戦争経済は音をた

表 **4-3**　戦時における鉱工業生産の推移　　　(指数)

	1938	39	40	41	42	43	44	45
一般鉱工業	131.3	164.0	161.9	169.4	142.7	113.5	86.1	28.5
陸海軍兵器	352	486	729	1,240	1,355	1,805	2,316	566

一般鉱工業は総合指数，基準(100)は1935～37年加重算術平均．

陸海軍兵器は艦船・航空機・弾丸その他の一般兵器を含み，1925年を100とする．ちなみに，1936年は114，37年は190．

安藤良雄編『近代日本経済史要覧』より

表 **4-4**　アジア・太平洋戦争中の船腹推移　(1000総トン)

年　次	新増その他の増	喪失その他の減	差引増減	年　末保有量	指数
開戦時(1941.12.8)				6,384.0	100
1941年12月中	44.2	51.6	△7.4	6,376.6	99
42	661.8	1,095.8	△434.0	5,942.6	93
43	1,067.1	2,065.7	△998.6	4,944.0	77
44	1,735.1	4,115.1	△2,380.0	2,564.0	40
45年8月まで	465.0	1,502.1	△1,037.1	1,526.9	24
敗戦時(1945.8.15)				1,526.9	24

前掲『近代日本経済史要覧』より

てて崩壊し始めた。また、海上輸送路の杜絶は、「大東亜共栄圏」内部での物流をも不可能にし、生活必需品の不足が決定的となった。このため、軍票にかわる南方開発金庫券の乱発とも相まって、中国や東南アジアの占領地では深刻な悪性インフレが発生することになる。

しかし、戦争経済の崩壊にもかかわらず、急速な重化学工業化は、日本社会そのものを大きく変貌させた。産業別人口構成の変化がそのことをよく示している。三二年から四四年の間に、農林業などの第一次産業の人口は、一五〇〇万人から一四〇三万人へ、約一〇〇万人減少した。農業生産の維持、兵士の供給源としての農村の重視という政策の反映だと考えられるが、減少は相対的にみれば、それほど大きくはない。これに対し、商業・公務・サービス業などの第三次産業の人口は、九二六万人から七五六万人へ一七〇万人減少し、なかでも、商業と飲食店は、五二四万人から一八八万人へ、三三六万人も減少している。一方、鉱業・製造業などの第二次産業の人口は、この間、五九五万人から一〇一一万人へ、四一六万人も増大している(中村隆英編『日本経済史7』)。

また、統制経済の強化のなかで、これまで日本経済を支配してきた財閥の内部にも新たな変化が生じていた。軍需会社法の制定に基づく生産責任制の導入によって、大株主や株主総会の権限はかなりの程度、押えこまれ、国家意思を体現した生産責任者＝経営者優位の原則が確立した。株式保有による財閥の企業支配が解体されるのには、敗戦後の財閥解体をまたなければならなかったが、統制経済の強化によって、「所有と経営の分離」が確実に進行したことは否定することができない(下谷政弘ほか編『戦時日本経済の研究』)。

総力戦と農村の変容

ここで注目する必要があるのは、総力戦の遂行が、経済だけでなく、旧来の社会秩序や社会関係を大きく変化させたという歴史的現実である。山之内靖ほか編『総力戦と現代化』が強調しているように、総力戦下における戦時動員は、従来、近代国民国家の下層や周縁に位置していた人々の積極的な戦争協力を必要不可欠なものとした。

このため、国家は、「国民共同体」の一体性を強める必要にせまられて、さまざまな社会政策を実施し、労資関係や地主―小作関係にも介入して、旧来の社会秩序や社会関係の改革に踏み切らざるを得なかった。その結果、社会の近代化・現代化が戦時下に進行する。

少し具体的にみてみよう。農村では、労働力や肥料の深刻な不足によって、米などの食糧の増産が最優先の国家的課題になった。このため、日中戦争開戦後の三八年四月には農地調整法が公布され、自作農創設事業のための法体系の整備、小作人の権利の保護がはかられ、三九年一二月公布の小作料統制令によって、小作料の引上げが停止された。農地価格についても、四一年一月に臨時農地価格統制令が公布され、地価の騰貴が自作農創設事業を阻害しないよう、農地売買価格の引上げが停止されている。

また、三九年頃から米不足が深刻化し、主要食糧の配給制が順次実施に移されてゆくなかで、四二年二月公布の食糧管理法によって、米穀国家管理制度が確立する。この制度の下では、生産者・地主は自家保有米を除いたいっさいの米を政府に供出し、消費者は政府から米の配給をうけることになるが、その際、インフレを抑制しつつ生産者の供出意欲を刺激するために、消費者米価を生産者米価より低いところに設定するという二重価格制度が採用された。さらに、生産者と地主とを区別し、生産者には、生産奨励金を補給する措置がとられるとともに、供出制度によって小作料は現物納から事実上、金納に移行した。供出は、地主にかわって小作人が行ない、地主に対してはその代金を支払えばよかったからである。

こうして、増産が至上命令となるなかで、政府は直接生産者である小作農を保護する政策をとらざるをえなくなり、結果として、寄生地主制は、戦時下において大きく後退することになった。事実、四〇年産米の現物小作料率を五〇％とした場合の代金納小作料率は、四一及び四二年産米では四四・九％へ、四三及び四四年産米では三七・六％へ、四五年産米では一九・七％にまで低下している（暉峻衆三編『日本農業100年のあゆみ』）。

総力戦と労資関係

労資関係の面では、産業報国運動の中央指導機関である産業報国連盟が、新体制運動の一環として、四〇年一一月に大日本産業報国会（産報）に改組されていた。産業報国運動とは、「労使一体・産業報国」の精神を強調する右翼的で日本主義的な労働運動の潮流である。これにともない、すべての労働組合は解散を余儀なくされたが、この産報は、中央本部の下に、道府県組織、各警察署の管内ごとにつくられる支部組織、工場・事業場ごとの単位産報という下部組織を持つ労働者統制団体であり、四一年までに、会員数約五四七万人、組織率七〇％の巨大組織に成長した。さらに、四一年八月には、政府の通達によって、単位産報の基本組織を各職場の職制機構と一体化した部隊編成に改編し、最末端の労働者統制組織として五人組を置いた。

一方、軍需産業の急速な拡充は多数の新たな労働力を必要としたが、その供給源となったのは、四〇年から始まった中小零細商工業の企業整備の結果生じた転失業者であり、彼らの軍需産業への強制就労を支えたのが、国民徴用令だった。その意味では、統制経済の下での軍需産業の拡充は、伝統的な産業構造やその背後にある社会関係を、外部から強権的に変容させる役割を果たしたのである。

しかし、転失業者出身の徴用工の労働意欲はきわめて低かった。彼らは、工場労働に簡単には適応できなかったし、労務管理の不備や資材不足もあって、早くも四二年の後半期から、「遅刻早退者の増加」、「欠勤者の激増」、「逃走者の続出」、「職場に於ける怠業傾向」の全国化、といった「労働情勢の悪化」が顕著となってきたのである（内務省警保局編『社会運動の状況14　昭和一七年』）。

四三年四月における主要航空機関連工場の欠勤率をみてみると、中島飛行機太田製作所の欠勤率が、男＝一一・八％、女＝一二・九％、同武蔵製作所が男＝一四・五％、女＝二〇・〇％、三菱重工業名古屋航空機製作所が男＝一八・四％、女＝二六・七％、川崎航空機工業明石発動機工場神戸分工場が男＝二〇・〇％、女＝四三・八％である。病欠者を含む数字だと考えられるが、労働意欲の低下や労務管理体制の弛緩は、もはや明らかである（西成田豊『近代日本労資関係史の研究』）。

とはいえ、戦後につながるような新たな変化の芽が労資関係のなかに生じ始めていたことも事実である。「勤労」の国家的性格が強調されるなかで、従来、まったく異なる身分階層に属していた職員と現場労働者の身分的差別が薄れ、「従業員」という共通の意識が形成され始めたこと、労働者の生活悪化に対応するため、家族手当などの支給が始まり、能率給よりも生活給が重視されるようになっていったこと、賃金統制が行なわれるなかで、年功序列型賃金が拡大していったこと、等々の事例をあげることができる。また、労働者統制組織としての産業報国会にしても、それが戦後の企業別労働組合の一つの母体となっていることは否定できないだろう。

女性の動員

女性の社会的地位についても、同様のことが指摘できる。大規模な兵力動員にともなう深刻な労働力不足は、女性は家庭に残って家を守るという伝統的な価値観による制約があったとはいえ、国家による労務動員政策を通じて、多数の女性労働者を生み出していった。戦争は女性の社会進出を加速させたのである。製造業における女性労働者の数は、三〇年一〇月時点で一四四万一〇〇〇人、それが四四年二月には、二二〇万二〇〇〇人にまで増大している。また、高等女学校(女子中等教育機関)在籍者の勤労動員、卒業者の女子挺身隊としての動員も、大きな社会的意味を持った。当時、中流以上の家庭の娘は、高等女学校卒業後、家にあって家業や家事を手伝い、裁縫や料理などの「花嫁修業」をしながら結婚を待つのが一般的だった。卒業後、就職する者もあったが、「職業婦人」は縁遠くなるとして敬遠され、工場労働者を、「職工」、「女工」として卑賤視する風潮も根強かった。戦局の悪化にともなう未婚女性の工場への勤労動員は、こうした伝統的な労働観に変容をせまるものとなり、学校を卒業した女性が結婚までの一定期間、職につくという新たな慣行を定着させる契機となったと考えられる（板垣邦子「農村」）。

戦時下勤労動員少女の会編『記録―少女たちの勤労動員』をみても、勤労動員の過酷な実態とともに、男女が同じ職場で働くという新しい経験、高等女学校に進学できなかった貧しい女工たちとの接触と交流、「自分たちだけの社会の中から、なんとなく差別的に見ていた人たちの身の上に思いを馳せることができるようにもなった」という意識変化など、勤労動員がもたらしたさまざまな社会的インパクトを読みとることができる。

戦争はまた、一般の主婦にも、家庭外の活動の場を提供した。国防婦人会、同会や大日本連合婦人会などを統合して四二年二月に結成された大日本婦人会などの女性団体の活動、部落会・町内会の行政補助業務、翼賛会や農会などの各種団体の活動などがそれである。例えば、東京市戦時生活局町会課の調査によれば、東京市の隣組数は一一万六九七一、このうち男性が組長のものが一〇万八二〇五、女性が組長のものが八七六六であり、男性が組長の場合でも、「実際問題としては其の大部分は常時家庭を守る婦人に於て大方の組の事務を処理せねばならぬ」状況にあった。こうして、戦時体制は、女性に新たな活動の場を提供した。ただし、それが、女性の社会進出の意欲を戦争協力へと切り変えてゆく機能を持っていたことも見落としてはならないだろう。

「戦争未亡人」

増大する「戦争未亡人」の存在も、戦時下における女性の社会的地位の問題に関連している。日中戦争以降、戦死者の遺族に対して与えられる一時賜金《しきん》や遺族扶助料をめぐるトラブルが多発していた。民法上は戸主の権限が強かったため、戸主の居所指定権などを濫用して、戦死者の父が戦死者の妻を離籍して受給資格を奪おうとするケースなどがその典型である。また、内縁の妻には法律上、遺族扶助料の受給資格がないことも大きな問題だった。戦場で死んでゆく男の側からすれば、最大の関心事は、残された妻や子の生活問題である。したがって、政府としては、男たちが「後顧の憂」なく安心して死んでゆける「環境整備」のために、こうしたトラブルに積極的に介入し、戦死者の妻の立場を後押しせざるをえない。事実、三九年には、扶助料に関連する家庭内紛争を解決するために人事調停法が制定され、四〇年の恩給法の改正では、条件つきであれ、内縁の妻やその子に、扶助料などの受給資格が認められた。四一年には、離籍を定めた民法第七四九条第三項に、裁判所による許可制が導入され、戸主権の濫用に制限がくわえられている。

また、軍人援護行政の面でも、三八年五月以降、全国市区町村ごとに職員・議員・方面委員などから構成される軍事援護相談所を設置し、四一年一月からは、市区町村銃後奉公会に婦人相談員の設置が進められた。いずれも、戦死者の遺家族の家庭内紛争の解決が重要な職務の一つである。こうして、「戦争未亡人」問題では、政府は女性の法的、社会的地位を強化する政策をとらざるをえず、そのことによって、結果的には、伝統的な「家」制度の解体を促進したのである（吉田裕「アジア・太平洋戦争の戦場と兵士」）。

「戦争未亡人」や出征兵士の妻をめぐる問題で深刻なのは、彼女たちに性的関係を強いる男たちの存在である。四三年四月に内務省警保局警務課がまとめた「出征軍人遺族、家族を繞《めぐ》る事犯の状況」は、「軍事援護に関係ある公職者、地方有力者の犯罪が意外に多い」とした上で、「風俗事犯に於ても、物資の配給、軍事援護、就職斡旋等に名を藉《か》りて遺家族の家宅に侵入して情交を迫り或は其の恩義を笠に半強制的に姦淫する事例の多きことは遺憾に堪へぬ処」と指摘している。また、この報告書は、「遺家族たる婦人の社会的進出に基く事犯」にも、次のように言及している。

従来家庭の殻内に平和な生活を続けて居た主婦が社会的にも、経済的にも一家の支柱となつて家計維持の為、

図 **4-4**　軍人援護行政にあたる軍事保護院が 1944 年 1 月に作成した遺族のための小冊子．最初のページに「遺族の誓」があり，「私共遺族は家門の誉を念ひ私心を捨てて一家の和合を図りませう」などとある（永瀬一哉編『太平洋戦争・海軍機関兵の戦死』）．

勤労につかざるを得なくなり自然周囲より誘惑を受け、犯罪の機会も多くなる。(中略)職場に於ける同僚たる男性、雇傭主等よりの誘惑によりその純潔を□〔判読不能〕る場合多く、殊にその業態が接客業たる場合に於て非常に多い。

「誘惑」という形でくくられてはいるが、現代風にいえば、女性の社会的進出にともなうセクハラ問題として位置づけることができるだろう。

学生・生徒の動員

最後に、学生・生徒の動員に関しても、簡単にみておこう。中学校・高等学校・大学などに在籍する学生・生徒の軍需工場や農村への勤労動員は、日中戦争期から始まっていたが、本格化するのは、アジア・太平洋戦争の開戦以降のことである。四三年六月、政府は「学徒戦時動員体制確立要綱」の閣議決定によって、学生・生徒の勤労動員を強化することを決めた。続いて、四四年三月には、「決戦非常措置要綱に基く学徒動員実施要綱」の閣議決定により、中学校以上の学校の学生・生徒を常時、軍需工場などに配置することが決められた。これらの措置によって、学生・生徒は、戦時における労働力動員政策の重要な一翼を担うようになり、敗戦時における動員学徒数は、約一九三万人にも達している。なお、四五年三月の「決戦教育措置要綱」の閣議決定によって、国民学校初等科(小学校)を除くすべての学校の授業が一年間停止させられることになった。学校は、その本来の機能を失ったのである。

兵力動員の面では、「学徒出陣」が重要である。当時の兵役法は、中学校以上の学校の在籍者に、二四歳まで徴集を延期することを認めていた。しかし、兵力動員の拡大にともなう下級将校の不足という深刻な事態に対応するため、政府は、四三年一〇月に在学徴集延期臨時特例を公布し、徴集延期制の廃止(理工系などを除く)に踏み切った。この結果、多くの学生がただちに徴兵検査をうけ、同年末には、約一〇万人の学生が入営する。この徴兵検査に先立ち、一〇月二一日には、明治神宮外苑競技場において、「出陣学徒壮行会」が挙行されている(図4-6)。

図 4-5　海軍の少年飛行兵(予科練)となった学友を送る中学生．1944 年のこの時点では，物資不足のため下駄ばきが普通であり，服もつぎはぎだらけである．制帽も戦闘帽に変えられたが，学生帽にこだわりを持つ生徒もいた(信濃毎日新聞社出版局編『写真集 信州子どもの 20 世紀』)．

「学徒出陣」の持った歴史的意味は、多義的である。入営した学生たちは、日本の軍隊の非人間性や非合理性に悩まされ、彼らに対する不条理な取り扱いに憤りを感じるようになった。幹部候補生や予備学生などをへて、下級の予備将校となった者も、陸軍士官学校や海軍兵学校出身の正規将校からは、徹底し

図 **4-6**　1943 年 10 月 21 日,「出陣学徒壮行会」が挙行された明治神宮外苑競技場(現在の国立陸上競技場)に建てられた記念碑.「学業半ばにして陸に海に空に征って還らなかった友の胸中を思い,……永遠の平和を祈念する」と刻まれている(蜷川壽惠『学徒出陣』).

て差別された。例えば、陸軍の特攻隊員の場合、全戦死者の中で将校の搭乗員が占める割合は四五%だが、その将校の戦死者の七一%が学徒兵出身者である。海軍の場合は、将校の搭乗員の戦死者は全体の三一%、その中で学徒兵出身者の占める割合は八五%にもなる(山口宗之『陸軍と海軍』、蜷川壽惠『学徒出陣』)。学徒兵は、将校の中の「消耗品」として取り扱われたのである。

その結果、生き残った学徒兵たちは、軍隊や軍人に対する強い反感を身につけて、戦後社会に復帰してゆくことになる。このことは、経済復興から高度経済成長を担った日本社会のエリートたちの政治文化に無視しえぬ影響を及ぼしている。

軍隊は、また、彼らにとって、異なる階層の人々とのはじめての接触の場でもあった。四三年一二月に入営した東京帝国大学出身の中野卓は、自らの軍隊生活について、「もちろん戦闘技術をその間に叩き込まれたことは無駄死にしないため役立ちました。それ以上に大切な学問だったことは、大学などでは不可能な農民や鉱夫や工員や店員たちと一緒に短期間ながら同じ兵卒としての暮らしを体験できたことでした」と書いている（中野『「学徒出陣」前後』）。

学徒兵は、当時の同世代の若者の中で、二〜三％を占めるにすぎないエリート集団である。その彼らの軍隊経験は、この国の学問や文化のあり方にも大きな影響を及ぼしているはずである。そのことを、さまざまな角度から多面的に検証してみる必要があるだろう。

以上、戦後につながる新たな社会的変化についてみてきた。戦時と戦後の連続というこの問題には、森武麿「総力戦・ファシズム・戦後改革」が丁寧な整理を行なっているように、政策上の理念と現実とのズレ、戦後改革期や高度成長期における変化との関連など、単純化できない複雑な問題がはらまれている。しかし、少なくとも、総力戦の遂行という国家的要請が社会的変化を加速させる面があったことは確かである。

アメリカナイゼーションの地下水脈

同時に、射程を少し前に伸ばして、戦時体制以前に生じた社会的変化や社会意識が、戦時体制の下でも伏流水のような形で存在し、戦後へとつながっている事例があることにも目を配る必要がある。その典型的な例がアメリカナイゼーションの歴史である。三〇年前後から三五、六年頃までの日本社会においては、アメリカ的生活様式をあこがれの対象とした「モダン生活」が、都市部を中心にして成立していた。日中戦争以降の国民生活の悪化によって、「モダン生活」の物的基盤は失われていったが、アジア・太平洋戦争が始まるまで、ハリウッド映画の人気が圧倒的だったように、文化面での影響力には依然として大きなものがあった。一九三二年生まれの作家、小林信彦は、「映画といえば即アメリカ映画、と、ぼくは考えていた。（日本映画は学校で強制的に観せられるものでしかなかった。）」としながら、三九、四〇年に東京の下町でピークに達した「燃えるようなアメリカニズム」が開戦まで続いたと回想している（小林『一少年の観た〈聖戦〉』）。

ちなみに、俳優で漫談家の徳川夢声《むせい》は、開戦後の四二年一二月二二日に、日本軍が押収したアメリカ映画、「風と共に去りぬ」をシンガポールで観ている。この映画は三九年にアメリカで公開され大ヒットした長編カラー映画だが、徳川はその感想をその日の日記に次のように書き残している（『夢声戦争日記2』）。

ところでこの映画だが、これを見てるうちに私は「どうも今度の戦争は、うまくいかんかもしれんぞ」という気が、益々強くなってきた。この「風と共に去りぬ」を製作し得る国と、近代兵器の戦争をしても、到底ダメだという気がしたのである。

アメリカ映画の持つ影響力の一端を物語るエピソードである。

アメリカ映画が事実上、上映禁止となり、プリントが没収されるのはアジア・太平洋戦争の開戦直後のことだが、こうしたアメリカナイゼーションの歴史の存在は、

反米キャンペーン

日本人の戦意のあり方自体にも微妙な影響を及ぼしているように思われる。この点で注目に値するのは、日本国内で敵愾心をあおりたてるような反米的な戦時キャンペーンが本格化するのは、四三年に入ってからのことであるという事実である。『写真週報』は政府の広報誌だが、四三年二月三日付の同誌第二五七号の「時の立札」に、「むかし　むかし　或るところに舶来物をありがたがつて　日本人にはさつぱり分らない薬や化粧品や看板がありました」という標語が掲載される。背景は、鉄条網で隔離された星条旗の写真である。さらに、同誌は、「米英レコードをた、き出さう」、「看板から米英色を抹殺しよう」というスローガンを掲げ、これをきっかけに、レコード演奏を含むジャズなどの英米音楽の演奏が禁止され、街頭からは横文字の看板が撤去された。また、英語の雑誌名や会社名も改名を余儀なくされ、文化と社会の徹底的な「日本化」が実現してゆくことになる。

新聞報道でも、四三年一月三〇日付の『朝日新聞』が、「間断なき空襲下に血みどろの死闘　銃後も続け南の突撃」という見出しでソロモン諸島をめぐる攻防戦をとりあげ、「米英兵の残虐性」に言及した。続いて一月三〇日・三一日・二月二日付の同紙夕刊も「アメリカを叩き潰せ」というセンセーショナルな連載を掲載して、『写真週報』に同調した。

さらに、四四年後半頃からは、「鬼畜米英」というスローガンが新聞に登場するようになる。敵の非人間化は戦時プロパガンダの常道だが、それが昂進して、米英は、いまや鬼や獣となった。このことは、また、政府の世論指導方針の直接的な結果でもあった。四四年一〇月六日に閣議決定された「決戦輿論指導方策要綱」は、「敵に対する敵愾心の激成」に関して、次のように指示していた。

米英指導者の野望が今次戦争を誘発したる事実を解明し、且米英人の残忍性を実例を挙げて示し殊に今次戦争に於ける彼等の暴虐なる行為を暴露す。

以上のように、極端な反米キャンペーンが展開されるのは、ガダルカナル島をめぐる攻防戦に敗北して以降のことだった。その理由としては、この時期まで、日本の政府や軍部も、対米戦の重要性を充分認識していなかったことが指摘できるだろう。それと同時に、抑留中の駐日アメリカ大使J・グルーが、四二年二月一六日の日記に、「民衆の間には根本的な米国憎悪が存在しないらしい」と書いているように（グルー『滞日十年㊦』）、国民の間に、アメリカに対する強固な敵愾心が存在しないという事情も関係しているように思われる。

もちろん、捕虜収容所における米兵捕虜に対する虐待は深刻な問題であったし、日本本土に対する米軍の空襲が始まると、撃墜されてパラシュートで降下してきた米兵を民間人が惨殺するという事件が多発している。特に、捕虜の虐待は深刻な問題だった(図4-7)。アメリカの民間抑留者団体の調査によれば、第二次世界大戦中にドイツ軍の捕虜となったアメリカ兵は九万六六一四名、捕虜期間中の死亡者数は一一二一名で、死亡率は一・二%である。これに対して、日本軍の捕虜となったアメリカ兵は三万三五八七名、死亡者数は一万二五二六名で、死亡率は三七・三%にも達する(内海愛子『日本軍の捕虜政策』)。捕虜政策の非人道性という点からいえば、抗弁の余地のない数字である。

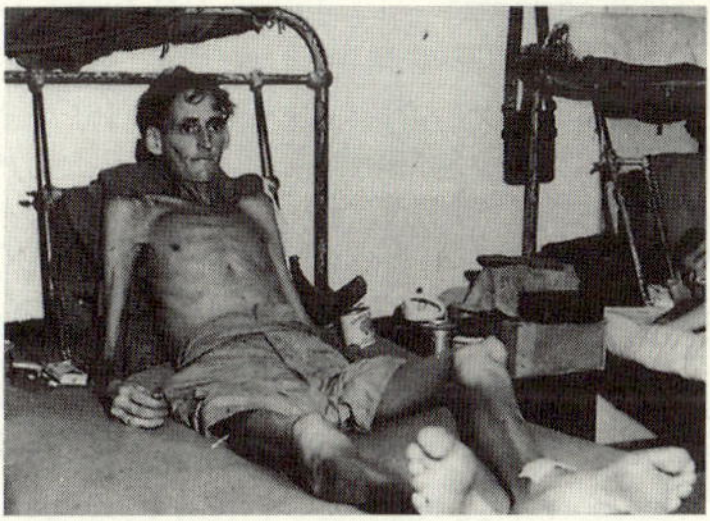

図4-7　日本軍の捕虜収容所で栄養失調となったオーストラリア軍兵士．日本軍の捕虜となった同国兵士の3分の1が，収容所で死亡している(アジア民衆法廷準備会編『写真図説　日本の侵略』)．

アメリカへのあこがれ

しかし、その一方で、戦時下にあっても、アメリカに対してあこがれの感情をいだく人々が確実に存在した。情報局『皇国内外の情勢(第十七号)』(一九四三年一一月)は、「極端な例」としながらも、「交換船で帰朝した米国仕込みの人達――とかく米国の尨大な軍需生産力を意識的に吹聴したり、戦時下と雖《いえど》も華やかなアメリカの生活、あまつさへその食糧品の豊富を宣伝する人達――に好感を寄せ、意識的に接触せんとする所謂《いわゆる》インテリ青壮年層」の存在に危惧の念を表明している。「交換船」とは、抑留していた交戦国の外交官やビジネスマンなどを相互に自国に帰国させる「戦時交換船」のことである。

また、連合軍の捕虜に直接、接触を試みる人々もいた。四二年九月には、丸亀高等女学校の女子生徒六人が、「白人俘虜」にサインを求めて大きな問題となっているし（『復刻版　外事月報7』）、工場で働く連合軍捕虜の「境遇に同情を寄せ、或は利慾に駆られ彼等の哀願を容れ密に嗜好物を斡旋する」日本人労働者も跡を絶たなかった（『復刻版　外事月報8』）。

アメリカ人の蔑称

この親近感の問題については、フィリピン戦線で米軍の捕虜となった藤岡明義の次の回想が参考になる（藤岡『合冊　初陣の記　敗残の記』）。

> 戦っているときは、お互いに相手を軽蔑・侮辱する名称があるものである。シナ事変のときは、日本兵はシナ兵を「チャンコロ」と呼んだ。太平洋戦争のとき、米兵のことを何と呼んだかと米兵に問われて返答に困った。（中略）皆がこもごも「米《べい》さん」「アメ公」あるいは「ヤンキー」と答えると、「それは蔑称ではない、むしろ親称だ。我々は日本兵を「ジャップ」と呼んだ。それに相応するものがあるはずだ」と言うが、事実、「米兵」とい

う正称しかなかった。

藤岡は、「日本人の心情には、欧米を尊敬する念が底流していて、侮辱の蔑称は生まれなかったのだろう」と指摘しているが、確かに、そうした面は否定できない。それは、明治維新以来の「脱亜入欧」路線の一つの論理的帰結だった。ただし、日中戦争中の反英運動の高揚にみられるように、アジアに多くの植民地を保有するイギリスに対しては大きな反感が存在していたから、アメリカとイギリスは区別して考えなければならない。しかし、少なくともアメリカに関しては、そうした反感はあまりみられない。むしろ、アメリカナイゼーションの長い歴史が確固として存在し、「鬼畜米英」の時代にあっても、それが根絶やしにされたわけではないことが重要だろう。敗戦後のアメリカによる占領を自然に受け入れることのできた歴史的前提が、生活文化の面でも存在したのである。

第5章　敗　戦

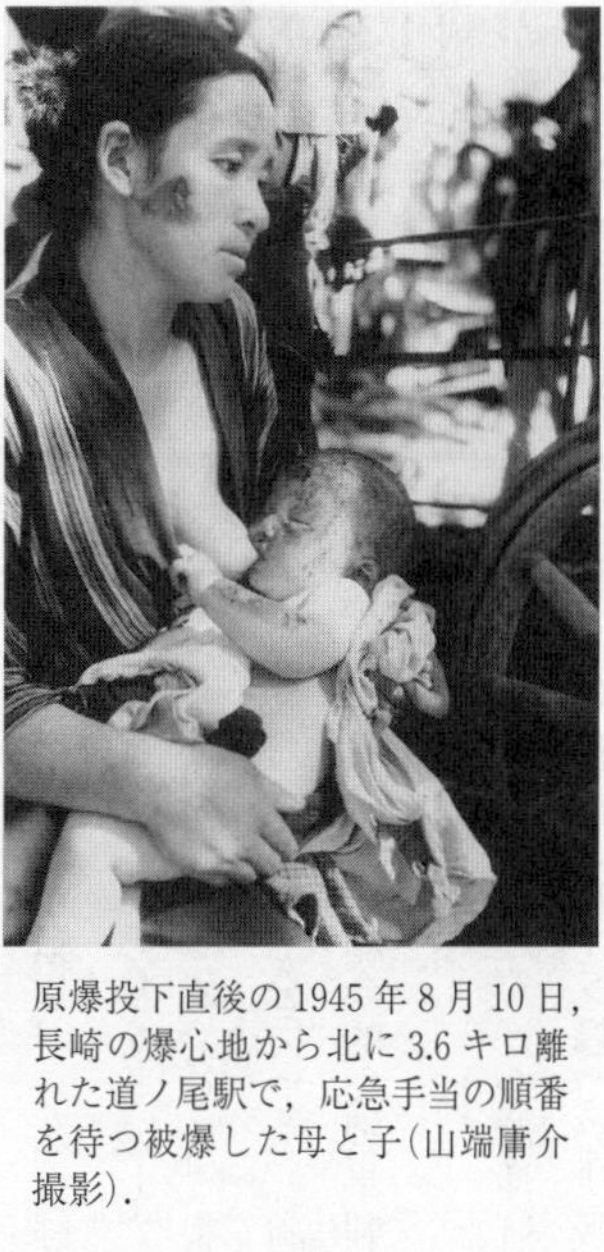

原爆投下直後の 1945 年 8 月 10 日，長崎の爆心地から北に 3.6 キロ離れた道ノ尾駅で，応急手当の順番を待つ被爆した母と子(山端庸介撮影).

1　戦場と兵士

絶望的抗戦下の兵士

一九四四(昭和一九)年一〇月一〇日、アメリカの機動部隊は、沖縄を空襲し、以後、台湾やフィリピンのルソン島に激しい波状攻撃をくわえた。これに対して、九州や台湾に展開していた基地航空部隊は全力をあげて反撃を実施し、一九日付の大本営発表は、空母一一隻、戦艦二隻、巡洋艦など四隻を撃沈、空母など二八隻を撃破したと報じた。いわゆる台湾沖航空戦である。国内は久しぶりの大戦果にわきたったが、実際に米軍に与えた損害は、重巡洋艦二隻を撃破しただけで、逆に日本軍は三〇〇機以上を失った。訓練が不充分で技量の未熟なパイロットの誇大な報告を軍上層部が鵜呑《うの》みにし、総合的な戦果判定を怠ったことが、この幻の戦果を生み出したのである。

続いて、二〇日には米軍四個師団がフィリピンのレイテ島への上陸を開始したが、台湾沖航空戦でアメリカの機動部隊に壊滅的打撃を与えたと誤信していた大本営は、ルソン島での決戦という従来の作戦計画を放棄して、レイテ決戦に転換した。このため、レイテ島への増援輸送が行なわれたが、米軍の攻撃によって多数の艦船を失った。一方、連合艦隊は、残存する水上部隊の総力をあげてレイテ湾への突入をはかったが、アメリカ艦隊により阻止された。このレイテ沖海戦で、日本海軍は、空母＝四隻、戦艦＝三隻、巡洋艦＝一〇隻、駆逐艦＝一一隻、潜水艦＝一隻を失い、連合艦隊は事実上、消滅する。

その後、地上戦でも日本軍は米軍に圧倒され、一二月下旬、大本営はレイテ決戦を断念するが、このレイテ決戦の失敗でフィリピン防衛戦の敗北は決定的となった。米軍は、一二月一五日にはミンドロ島への上陸を、翌四五年一月九日にはルソン島への上陸を開始するが、もはや、この時点では、米軍の攻勢を阻止する力は日本軍には残されていなかった。

硫黄島・沖縄の戦い

フィリピンをほぼ攻略した米軍は、四五年二月一九日には硫黄島《いおうとう》に上陸し、以後、日米両軍の間でかつてない激戦が展開されたが、約一カ月後には日本軍守備隊が全滅した。続いて、四月一日には沖縄本島に米軍が上陸し、激戦の末、六月末には日本軍の組織的抵抗が終わりを告げる。この沖縄戦で特徴的なのは、日本軍の戦意の低下である。米軍の上陸以前から、現地で召集された初年兵などの逃亡が相つぎ、上陸後は、負傷して身動きできない状態での捕虜ではなく、自らの意思に基づく投降や集団投降が目立った。六月末の時点における日本兵捕虜は、七三三九名、民間人を装って投降している兵士もかなり多いので、実際の捕虜数はさらに多くなると考えられる(林博史『沖縄戦と民衆』)。

沖縄戦の特徴の一つは、日本軍守備隊の戦死者数(沖縄県出身の軍人・軍属を含む)とほぼ同じ数の一般住民(準軍属を含む)が戦闘にまきこまれて死亡していることである。沖縄県援護課の資料によれば、前者は九万四一三六名、後者は九万四〇〇〇名である。沖縄の防衛にあたる第三二軍と大本営は、沖縄戦を、本土決戦準備のための時間をかせぐ捨て石作戦として位置づけていた。沖縄の防衛それ自体が目的であったわけではなく、作戦の主眼は、あくまで米軍に長期間にわたって多大の出血を強いることにあった。したがって、県民の避難計画や安全確保対策は後まわしとなり、県民から大きな犠牲者を出す結果となった。

沖縄戦のもう一つの特徴は、日本軍によって、多数の沖縄県民が殺害されたことである。日本軍は、米軍のスパイとみなした一般住民をただちに処刑しただけでなく、日本軍将兵用の壕を確保するため、住民を壕から追いたてた。これによって、多くの住民が激しい銃砲火にさらされ、生命を奪われることになったのである。また、日本軍と住民が混在している場合には、日本兵が、米軍に発見されるのを恐れて、泣き声をあげる赤ん坊を殺害したり、米軍に投降しようとする住民を射殺したりする事例が各地でみられた。沖縄は、日本本土からは差別され続けてきた長い歴史を持っている。本土出身の日本軍将兵の沖縄に対する優越感や侮蔑感が、こうした残虐行為の引き金となった。

さらに深刻なのは、「集団自決」である。米軍に圧倒され、戦局の行く末に絶望して自暴自棄となった日本軍将兵は、手榴弾を配るなどして、住民に「皇国臣民」として「自決」することを強要した。彼らは、米軍の残虐性などを強調しながら、住民を「集団自決」の方向に追い

表5-1　陸海軍の戦死者数(岩手県)

1941.12. 8〜1942.12.31	1943. 1. 1〜1943.12.31	1944. 1. 1〜1944.12.31	1945. 1. 1〜1945. 8.15	1945. 8.16〜	合計
1,222	2,582	8,681	13,370	4,869	30,724

岩手県編『援護の記録』より

やっていったのである。沖縄の地方有力者が協力している場合もあるが、日本軍が関与し、日本軍が主導しなければ、この「集団自決」は、おこりえなかっただろう。

沖縄戦に敗北した後にも、日本軍の抗戦が続くが、重要なことは、アジア・太平洋戦争の戦死者の大部分が、マリアナ陥落後の絶望的抗戦期に発生しているという事実である。全国的な年次別統計がないので、岩手県の事例をみてみることにしたい(表5-1)。厳密にいえば、マリアナ諸島陥落後の戦死者ではないが、四四年一月一日以降の戦死者(敗戦後の戦死者を含む)は、全体の実に八七・六%に達している。戦争終結の決断が遅れたことで、どれだけ多くの生命が失われたかを、この数字は示している。

兵士の装備と体位

また、兵士の置かれた状況も過酷で悲惨なものだった。まず指摘しなければならないのは、基本装備の不足である。小銃の生産は、航空機の生産が最優先されたため伸びなやんだ。四一年の小銃の生産量は七三万挺、それが四二年には四四万挺、四三年には六三万挺に落ちこみ、四四年には八三万挺に回復するものの、四五年には二一万挺に激減している。したがって、アジア・太平洋戦争末期の大動員を考えるならば、陸戦用の基本装備である小銃でさえ、旧式小銃を使用したとしても、必要量を満たすことはできなかったと考えられる（須川薫雄『日本の軍用銃と装具』）。実際、本土決戦のため関東地方に配備されていた第一二方面軍の新設部隊の状況をみてみると、四五年六月末における兵器充足率は、小銃＝四〇％弱、銃剣＝三〇％弱にとどまっている（防衛庁防衛研修所戦史室『戦史叢書　本土決戦準備〈1〉』）。また、陸軍は、日中戦争中から、補給を担当する後方兵站《へいたん》部隊用の自衛兵器として竹槍を使用していたが、四二年に入ると、陸軍戸山学校が、『銃剣術指導必携』を作成して近接戦闘用の武器としての竹槍の製造法を紹介しているし、さらに同年には、『竹槍訓練の参考』を作成している（藤田昌雄『激戦場　皇軍うらばなし』）。小銃の絶対量の不足という事態と関連した措置だと考えられる。

軍服や軍靴の不足も深刻な問題だった。生産が追いつかないだけでなく、輸送の杜絶によって、前線への追送自体が困難になったからである。四五年四月に野戦経理長官部がまとめた「被服の維持補修に関する戦訓」によれば、中国戦線に配備された第一三軍の場合、四四年八月から「内地よりの被服の到着は皆無」となり、「応急措置として之が現地取得に努めつゝある状況にあった。また、ビルマ方面軍では、四四年九月の時点で、軍服や軍靴などの消耗を防ぐため、「平常の営内に於ける服務　並《ならびに》　起居の間に於ては、編上靴、地下足袋の使用を禁止」し、「営内に於ける作業等は特別の事由ある場合の外、努めて半裸々足にて実施」していると報告されている。

四二年に徴集され、初年兵として華中に駐屯する歩兵連隊に送られた井上俊夫の同年兵たちは、現地に到着すると同時に、新品の軍服、軍靴をとりあげられ、「古着同然の軍服と見るも無惨に変型した軍靴」を与えられた。彼らが、「文字通り「身をもって」はこんできた新品の軍装品」は、すべて下士官や古参兵用にまわされてしまったという(井上『初めて人を殺す』)。すでに、この時点で、比較的輸送が容易な中国戦線においてさえ、軍装品の不足が深刻な問題となりつつあったことがわかる。

兵士の体位や体力も、日中戦争期に比べて明らかに低下していた。四〇年の陸軍身体検査規則の改正によって、徴兵検査時の身体検査の基準が大幅に緩和され、体位の劣る者や病弱者が大量に軍隊に入営してきていたからである。徴兵検査受検人員中に占める現役兵の割合は、四一年が五四・一%、それが四五年には八九・九%にまで増大している。従来ならば、現役兵として入営することのない若者までが徴集されているのである。また、「老兵」の召集によって、総兵力中に占める若い現役兵の割合も急速に低下した。現役兵の保有率はアジア・太平洋戦争の開戦前が約六〇%、四四年末が約四〇%、本土決戦のための根こそぎ動員が行なわれた四五年の時点で約一五%である。

アジア・太平洋戦争の各戦場では、こうした兵士たちが文字通り過重な負担に耐えなければならなかった。輸送手段のないジャングル内における武器、弾薬、食糧などの「人力担送」、制空権の喪失という状況下で余儀なくされた夜間の強行軍、補給が追いつかないために個々の兵士が携行する弾薬、食糧などの負担量も増大していた。その結果、完全装備をした場合の歩兵の負担量は、時には四〇〜五〇キロにも達した。平均体重が六〇キロにも満たない兵士たちが、これだけの重量の負荷に耐えなければならなかったのである。

餓死する兵士

アジア・太平洋戦争期の兵士の戦死のありようは、次の三つの死によって特徴づけられている。餓死と海没死と特攻死である。このうち、餓死については、藤原彰の先駆的研究、『餓死した英霊たち』がある。同書によれば、日中戦争以降の軍人・軍属の戦死者数は約二三〇万名、このうち、栄養の不足または失調による狭義の餓死者と、栄養失調による体力の消耗の結果、抵抗力をなくし、マラリアなどの伝染病に感染して病死した広義の餓死者との合計は、一四〇万名に達すると推定されている。餓死率は、約六〇％である。

多数の餓死者を出した最大の理由は、国力の限界をこえて戦線を拡大した上に、連合軍の攻撃によって日本軍の補給路が各地で寸断されたからである。とりわけ、米軍の「飛び石作戦」によって、戦線の後方にとり残された南方戦線の離島守備隊の場合、状況はいっそう悲惨なものだった。米軍は、戦略上の要地となる太平洋の島々だけを次々に攻略して、島伝いに日本本土に向かった。これが、「飛び石作戦」である。制空・制海権は、米軍が完全に掌握している以上、日本軍が守備する島々をすべて攻略して無用な損害を出す必要はない。制空・制海権を持たない日本軍守備隊の戦力は事実上、無力化しているからである。この結果、補給を完全に断たれて戦線のはるか後方にとり残された日本軍守備隊が各地に存在することになった。

中部太平洋のミレ島の事例を少し具体的にみてみよう。同島には陸海軍の守備隊が駐留していたが、四四年半ばまでは潜水艦による補給があり、現地の食糧資源としては椰子樹の利用が可能だった。また、漁労やカボチャなどの菜園栽培も行なわれた。それでも、海軍部隊の場合、栄養失調症による死亡者数は、空襲などによる戦死者も含めた全戦死者の一七・八％に達している。栄養失調症の主要症状は、瘦削《そうさく》(やせこけること)、浮腫(重度の場合は、腹水により腹部が膨張する)、貧血、全身倦怠、下痢などであり、「意識は明清であるが、態度動作緩慢、歩行時に前屈、言語は渋滞して、ロレツがまわらなく、中等症以上は無欲痴呆状を呈した」とされている(清水勝嘉「中部太平洋方面・離島残留海軍部隊の栄養失調症について」)。

給養の悪化は、離島守備隊だけでなく、陸海軍全体でも深刻な問題だった。このため、陸軍軍医学校軍陣衛生学教室では、四四年四月から、「減食の体力に及ぼす影響を追究し、併せて減食時に体力の消耗を最も節約するためには如何なる食質を有利とするかを検討する」研究を開始している(陸上自衛隊衛生学校編『大東亜戦争陸軍衛生史8』)。いかにも対症療法的だが、陸軍の置かれた悲惨な状況がよく示されている。

海軍でも、栄養不足や兵員の体力低下からくる「不馴化性全身衰弱症」が大きな問題となった。海軍軍医少佐、一色忠雄が敗戦直後にまとめた「大東亜戦争海軍衛生史実調査資料」は、この点について次のように指摘している（小池猪一編『海軍医務・衛生史3』）。

> 海軍兵員の体重は入籍〔海軍の軍籍に入ること〕後二、三ケ月の間は稍〻《やや》減少し漸次増加するを常とするものなる処、昭和十九年に於ては兵員の体重は入籍後減少せる儘《まま》一向増加の傾向を示さず、昭和二十年酷寒期に於ては著しく減少するに至り、遂に極度の栄養不良、体力減耗の結果、所謂《いわゆる》不馴化性全身衰弱症を多数発生し、且つ本症に因《よ》る多数の死亡者を発生するに至れり。

海没死

次に海没死をみてみよう。これは艦船の沈没による戦死者のことをさす。池田貞枝『太平洋戦争沈没艦船遺体調査大鑑』によれば、アジア・太平洋戦争中に連合軍の攻撃などで軍艦六五一隻、陸海軍の徴用船を含む商船二九三四隻が沈没し、この結果、海軍軍人・軍属＝一八万二〇〇〇名、陸軍軍人・軍属＝一七万六〇〇〇名、商船船員など＝四万五〇〇〇名もしくは七万一四〇〇〇名、合計＝三九万八五〇〇〇名もしくは四二万九四〇〇〇名が戦没している。

ただし、池田は戦没者数の根拠を明示していないが、秦郁彦の詳細な推計によっても、「海没」による戦没者の総計は三七万名以上とされている（秦「第二次世界大戦の日本人戦没者像」）。日露戦争における日本陸海軍の戦死者数（戦病死を含む）＝八万八一三三名と比較するならば、記録的ともいうべきこの数字の重みが理解されるだろう。

これだけ多数の人間が、いわば「溺れ死」んだ背景としては、日本海軍がアメリカ海軍との艦隊決戦だけを重視して海上護衛戦を軽視したこと、ソナー、対潜兵器などの軍事技術面でアメリカ海軍に大きく立ち遅れていたこと、輸送船の不足によって多数の兵員を乗船させる「狭縮搭載」が日常化したこと、などを指摘することができる。また、日本軍が専用の軍事輸送船をほとんど保有せず、徴用した貨物船の船倉に兵員をつめこんだことも、沈没した際の被害を大きなものとした。

さらに、海没死に関しては、連合国軍捕虜八四五名が死亡した「りすぼん丸」の事例、強制連行された中国人労働者だと思われる「苦力」二五五九名を乗せて沈没した「隆西丸」の事例、沖縄からの疎開学童六八二名が死亡した「対馬丸」の事例、同じく慰安婦二六名が死亡した「今治丸」の事例など、多様な犠牲者の存在にも目を配るべきだろう（駒宮真七郎『戦時船舶史』）。

なお、ここで中国人強制連行の問題にも簡単にふれておく。四二年一一月二七日、東条内閣は、「華人労務者内地移入に関する件」を閣議決定した。日本国内における労働力不足に対処するため、華北から中国人労働者を移入し、日本国内の鉱山や港湾で強制労働させるための措置である。労働者といっても、その実態は中国人捕虜や農村などから拉致してきた中国の民間人である。この強制連行政策は、四四年二月二八日の次官会議決定、「華人労務者内地移入の促進に関する件」によって本格化し、敗戦までに約三万九〇〇〇人の中国人が強制連行され、そのうち約六八〇〇人が虐待と過酷な労働条件の下で死亡したとされている。こうしたなかで、四五年六月には、秋田県花岡鉱山の鹿島組事業所で、劣悪な待遇に耐えかねた中国人が蜂起し、日本側の武力鎮圧によって多数の死傷者を出すという事件が発生している(花岡事件)。また、満州国における労働力動員政策の一環として、多数の中国人が、同じ華北から満州国にも強制連行されている。

特攻死

アジア・太平洋戦争期に特徴的な戦死のありようとして、最後に、「特攻死」をあげることができる。いわゆる特攻とは、爆弾を抱いた航空機による敵艦船への体当り攻撃のことをさし、四四年一〇月に海軍がフィリピン戦線で最初の神風《しんぷう》特別攻撃隊を出撃させ、一一月には陸軍の万朶《ばんだ》隊と富嶽《ふがく》隊がこれに続いて、特攻攻撃が本格化する。さらに、四五年四月に米軍の沖縄本島上陸作戦が始まると、大本営は、陸海軍あわせて約二〇〇〇機もの特攻機を出撃させ(菊水作戦)、特攻攻撃は日本航空部隊の主要な攻撃法となった。航空特攻による戦死者は、約四〇〇〇名にのぼる。なお、特攻攻撃には、航空特攻以外にも、「震洋」などのモーターボートによる体当り攻撃（水上特攻）、魚雷を改造した一人乗りの人間魚雷「回天」による体当り攻撃（水中特攻）などがあった。

この特攻作戦は、第一航空艦隊司令長官として、四四年一〇月にフィリピンに赴任した大西滝治郎海軍中将が考案し、積極的に推進したと一般には信じられている。レイテ湾への突入をはかる栗田艦隊を支援するために、壊滅的打撃をうけていた第一航空艦隊の残存兵力で、アメリカの空母の飛行甲板に体当り攻撃を行ない、一時的にせよ甲板を使用不能の状態にすることが、その狙いである。

しかし、大西の役割を過大に評価することは、この非人間的な作戦を実施した軍中央の責任を曖昧にすることにつながる。実際には、軍中央は、フィリピン防衛戦が始まる前から、特攻作戦を実施する決意をかためていた。事実関係を簡単に追ってみると、四四年二月二六日、海軍中央部は、呉海軍工廠魚雷実験部に人間魚雷の試作を指示している。後の人間魚雷「回天」である。続いて、海軍は八月一六日に特攻機「桜花」の試作を開始し、一〇月一日には、「桜花」を装備した第七二一海軍航空隊を新設している。また、大西中将は、フィリピンに赴任する直前に、特攻作戦の実施に関して、軍令部の主務者との間で具体的な打ちあわせを終えていたことが、今日では知られている（防衛庁防衛研修所戦史室『戦史叢書　海軍捷号作戦〈2〉』）。

一方、陸軍が九九式双発軽爆撃機と四式重爆撃機の特攻機への改修を開始したのは、四四年七月頃のことだった。前者は万朶隊の使用機、後者は富嶽隊の使用機である。なお、体当り攻撃は、急降下する特攻機自体に揚力が発生してブレーキの役割を果たすため、装着した爆弾の貫通力や破壊力は、爆弾を投下する通常の攻撃法よりかなり小さなものとなる。このため、一・二トンもの爆薬を頭部に装着した「桜花」のような特攻専門機の開発や、通常の攻撃機に大型爆弾を搭載するための機体の改修が必要となったのである。

特攻隊員の実像

特攻隊員たちの意識や行動に関しても、戦後の日本社会では、美化して語られることがあまりに多い。しかし、特攻で死んでいった若者たちは、もはや何も語ることはできないし、エンジンの故障による帰投や不時着によって特攻攻撃から生還した人々は、あまりに悲惨な現実をみてきたために、かたく口を閉ざしてきた。日高恒太朗『不時着』が指摘しているように、特攻について最も饒舌に語り、特攻を美化してきたのは、特攻作戦を推進し、自らは生き残ったエリート将校であり、回想記などをまとめている元隊員のかなりの部分は、特攻隊員として訓練中あるいは待機中に敗戦をむかえた人々である。

しかし、現実の特攻隊員たちは、死への恐怖や生への執着のなかで、常に苦悩し動揺する存在だった。出撃を命じられてもエンジンの故障などを理由にして帰投してしまう隊員や、他の隊員の士気への影響を恐れて、動揺の激しい隊員を特攻要員からはずすなどの事例も少なくなかったようだ。四五年六月に、特攻隊員への心理調査に基づいて陸軍の航空本部がまとめた

「戦場心理より看たる特別攻撃隊志気昂揚策」は、特攻隊員の心理について、次のように指摘している(生田惇『陸軍航空特別攻撃隊史』)。

隊員に編入せられて尚覚悟のつかざる時は、「その場になりて何とか決心」せんとして之を遷延し、従つて直前の雰囲気に過度に敏感となり、精神を左右せられ却つて益々決心をするに甚大の努力を要するに至る、現在の隊員にして此れに属するもの約三分の一ありとする観察は殆んど正しきか。

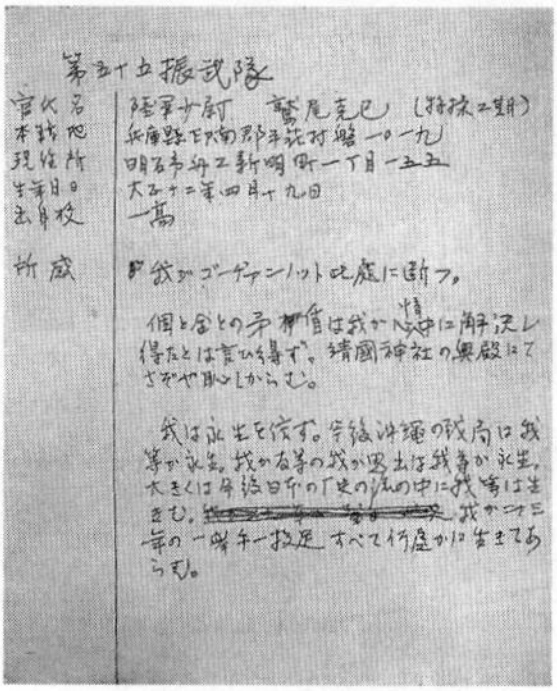

図 **5-1** 特攻隊員の鷲尾克巳陸軍少尉が残したメモ.「個と全との矛盾は我が心情中に解決し得たとは言ひ得ず. 靖国神社の奥殿にてさぞや恥しからむ」とある(竹中誠子編『戦記作家 高木俊朗の遺言Ⅱ』).

隊員たちがなかなか本心をあかさないであろう軍関係者による調査でも、三分の一の隊員が特攻隊に編入されたことに納得していないのである。

また、飛行第六五戦隊長として、陸軍の特攻基地、知覧《ちらん》で特攻隊員(振武隊《しんぶたい》)の教育にあたった吉田穆も、次のような率直な回想を残している(戦後五十年記念誌刊行会編『特攻のまち・知覧』)。

私が教育のため振武隊員の三角兵舎に行くと、正座してめい想にふけっている者、青白い顔をして毛布の上で長くなったり、窓際に向かって深刻な面持ちで考えこんでいる者、目頭を熱くしながら何かを書いている者、数名で車座になり静かに語り合っている者、なかには声高らかに談笑している者など、様々でありますが、毎度、息のつまるような舎内の空気に私は圧迫されました。(中略)「撃ちてし止まん」という当時の雰囲気においては、本心を打ちあけるに人もなく、相談するにも相手なく、その苦悩がいかに深刻なものであったか、特攻隊員でない私共には、到底推測することもできませんでした。

特攻隊に関しては、すでに長い「語りの歴史」があるが、その「語りの歴史」そのものを、歴史分析の対象にすえるべき時期にきていると思う。

2　本土空襲の本格化と国民

新鋭大型爆撃機B29の登場

四四年六月一五日、米軍がサイパン島への上陸を開始したちょうどその日の深夜、成都を基地にしたB29が北九州を初空襲した。B29は、二二〇〇馬力のエンジン四基を搭載した新型大型爆撃機であり、最大速度五八七キロ、航続距離五三〇〇〜七三〇〇キロ、爆弾搭載量九トンという高性能を誇っていた。続いて、一一月二四日には、マリアナ諸島を基地とするB29が東京を初空襲し、以後、同方面からの日本本土に対する空襲が本格化する。

このB29を迎撃する日本側の防空部隊は決して強力なものではなかった。日本の陸海軍は、高度一万メートルを飛行するB29に対抗できるだけの高々度戦闘機の実用化に成功していなかったし、高射砲部隊の主要装備も口径八センチから一二センチの旧式高射砲だった。性能は劣るとはいえ、レーダーによる警戒網が本土全域をカバーしていたため、B29による奇襲攻撃は免れることはできたが、夜間戦闘機のための射撃用レーダーの開発も大きく立ち遅れていた。

しかし、米軍側も、本土爆撃では予想外の苦戦を強いられることになる。最大の障害は、日本上空を吹くジェット・ストリームである。このため、燃料消費量が増大しただけでなく、投弾の際の正確な照準も困難になった。また、この強風を避けるために高度を下げれば、日本軍の戦闘機の反撃をうけることになる。さらに、日本の冬の天候も問題だった。目標の多くは厚い雲におおわれて視界は不良だったし、レーダー照準による爆撃も可能だったが、米軍のレーダー爆撃の水準も、この段階ではそれほど高いものではなかった。

しかし、フィリピン防衛戦の激化にともない、本土の防空戦闘機隊の一部を同方面に転用せざるをえなくなると、本土の防空態勢は弱体化した。さらに決定的だったのは、四五年三月の硫黄島の陥落である。これによって、米軍は護衛戦闘機用の発進基地と故障・被弾したB29の不時着基地を確保することができたからである。

こうした状況のなかで、米軍は対日爆撃の方針を大きく転換させる。充分な成果をあげていない、軍需産業などを目標にした高々度からの精密爆撃にかえて、都市部に対する夜間の無差別絨毯爆撃に踏み切ったのである。この結果、三月九日の東京大空襲を皮切りに、川崎・横浜・名古屋・大阪・神戸などの大都市が焼夷弾による無差別爆撃によって次々に焼きはらわれていった。

この都市爆撃は、沖縄に特攻機を出撃させていた九州各地の飛行場の攻撃にB29がまわされたため、一時中断するが、五月中旬から再開され、目標も地方の中小都市に移っていった。八月一四日の熊谷・高崎・小田原などに対する夜間空襲が、B29による最後の都市爆撃である。

都市爆撃の有効性

しかし、この都市に対する無差別爆撃が、戦略爆撃として、どれだけ有効だったかについては疑問がある。元海軍大佐で敗戦後はGHQ(連合国軍総司令部)の歴史課に勤務していた大井篤は、米軍が鉄道攻撃に関心を示さず、B29が攻撃した唯一の鉄道目標は、四五年八月一四日の岩国基地に対する爆撃だったことに言及しながら、次のように指摘している(『海上護衛戦』)。

もし、敵が機雷投下に並行して、早くから鉄道施設の攻撃を真剣にやっていたら、日本の降伏はもっと早く余儀なくされたかも知れないが、なぜか、敵の戦略爆撃は都市の焼き打ちばかりに向けられ続けた。

B29は、四五年三月の下関海峡、広島湾に対する機雷投下を皮切りにして、大規模な機雷敷設作戦を次々に実施し、主要港湾、瀬戸内海や日本海の航路などを封鎖していった。この機雷敷設作戦と鉄道への攻撃を組みあわせれば、確かに日本の戦時経済の大動脈に致命的な打撃を与えることができたはずである。

しかし、実際にはそうはならなかった。経済安定本部の調査によれば、鉄道と軌道の戦争による被害率(被害額を敗戦時残存国富と被害額との合計で割ったもの)は七%にすぎず、船舶の被害率＝八〇・六%ときわめて対照的である。また、動力工業の中では、水力発電が無傷のまま残されており、このことはB29によるダムや水力発電所への爆撃が行なわれなかったことを示している(中村隆英・宮崎正康編『史料・太平洋戦争被害調査報告』)。アメリカは、都市無差別爆撃を優先させることによって、鉄道、水力発電などの戦略的中枢への攻撃を後まわしにする結果をまねいたのである。

国民意識の変化

ただし、都市爆撃は、日本国民、特に都市生活者の戦意を打ちくだいた。空襲は彼らの生活する都市を焼土と化しただけではなく、日本軍の防空陣の弱体ぶりをみせつけることによって、日米の戦力格差を自覚させたからである。また、大本営が本土決戦に備えて特攻用の航空機の温存方針をとり、防空戦闘を制限したことも、国民の防空戦闘機隊に対する信頼を大きく傷つけた。

内務省警保局保安課が四五年四月六日に作成した「内閣更迭に伴ふ引継書」は、被災地の民衆の状況について、次のように報じている。

就中《なかんずく》大規模空襲の惨禍を直接体験したる被爆地帯住民中には、軍防空並に邀撃《ようげき》戦闘の著しき劣勢を見るに及び早くも不安動揺し、或は職場を放棄して疎開に狂奔し、或は「敵大編隊北上中」なるラヂオ情報あるや自転車、リヤカー、乳母車等に身廻品を満載して郊外に一時的逃避を為し、或は又「〇〇日には大空襲がある」となす流言に怯《おび》へて其の夜、続々遠く郊外の親戚縁者を頼りて一時的逃避を企て、又沿岸地方住民に在りても所在軍人の軽卒なる言動乃至《ないし》は機動部隊近接等の情報に戦々兢々として家財を梱包し山間部に逃避する等、其の状況総浮腰の観あり。

このパニック状態は、地方中小都市にも拡大しつつあった。注目する必要があるのは、この報告書が、「而して斯の如き戦局の不振を招来したるは軍官等戦争指導者の責任なりとして反軍反官的態度を表面化し、軍防空の弱体、連合艦隊の所在、軍人の政治面、生産面に対する進出、官吏の実行力欠如等に関連する軍官不信、誹謗の言動は著増の傾向にあり」としている点である。軍や政府の指導者に対する不信感や批判がたかまりをみせ始めていたのである。

この点については、憲兵司令部の資料、「〔一九四五年〕五月中に於ける造言飛語」も、「戦局不振と国民の厭戦気運抬頭の結果は、漸次過去の事象を捉へ紀明乃至は攻撃の鉾先を指導層に向けんとしつつありて、「東条首相は国民より石を投げ込まれて居る」、「軍と政府が対立して居る」、「小磯首相が切腹した」等、軍官の戦争責任を追及せんとする気運窺《うかが》はるるものあり」と指摘している。

国民生活の窮乏化

他方、国民生活の窮乏化も急速に進んでいた。四二、四三年段階までは、警察応急米の特配や、田舎や親戚などからの仕送りによって、配給市場は低位で安定しており、闇買いを含む消費者側の生活努力もあって、食糧不足の顕在化は回避されていた。

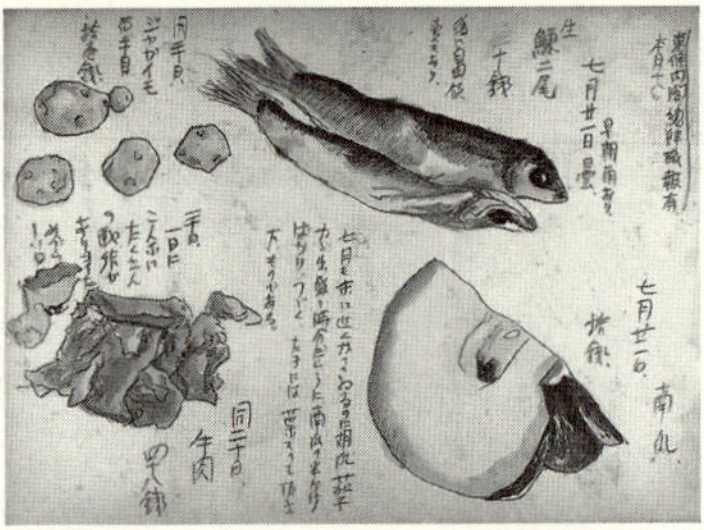

図 5-2　1944 年 7 月 20，21 日の小泉癸巳男『配給物絵日記』．版画家の小泉は，妻との二人分の配給品をこの絵日記に日々記録した．配給の実態を知ることのできる貴重な記録である（『昭和のくらし研究』第 2 号，2004 年）．

しかし、四四年に入ると、闇市場が拡大する一方で、生鮮食料品の都市入荷量は急速に減少した（図5−2）。四四年一月の東京都内の労働者世帯では、野菜の入手量は一日平均約五〇匁《もんめ》（一匁は約三・七五グラム）、うち配給量は約二五匁にすぎず、同じく魚類は一日平均一〇匁強、うち七匁弱が配給という状況だった（佐賀朝「戦時下都市における食糧難・配給・闇」）。さらに、四五年に入ると、内地産米の不作と植民地産米の移入量の減少によって、食糧不足は、いよいよ決定的となる。

闇の問題も深刻だった。四四年以降になると、本来、統制経済体制の要に位置しているはずの軍や軍需工場自身が、生産拡充のために、闇賃金による熟練労働者の獲得や重要資材、重要物資、さらには、生活必需品の闇価格での大量買漁りに狂奔するようになる。戦時統制経済の下では、明らかな経済犯罪行為である。そして、そのことによって、生活必需品の供給量の激減や闇価格の急上昇に拍車をかけた。軍及び軍需工場の違法な経済活動こそが、統制経済を崩壊に導いたのである（西田美昭「戦時下の国民生活条件」）。

検事の菊池健一郎は、この「軍関係の闇」を次のように指弾している（菊池「司法の面より観たる敗戦原因の研究」『司法研究』第三四輯第五号、一九四七年）。

而し乍ら、〔軍需工場の〕現場配置の軍監督官等は自己担当の部分のみの事象にとらわれ、作戦全般、経済全般に関する認識なく資材闇調達の容認又は煽動は依然改まることなく続けられ、遂には軍当局は、闇に依る民間ストック物資の吸ひ出しを策し、規則を無視し、金に糸目をつけず、物資の買漁りに狂奔するに至つた。それも最初は鉄鋼、非鉄金属等の狭い意味の軍需物資に限られてゐたが、漸次間口を拡げて労務関係の闇は勿論、繊維製品、生活必需品、果ては食料品の闇調達に及び其の手段方法は漸次露骨化して行つた。

軍関係者による闇買いのすさまじさが伝わってくる。

戦後へつらなる意識

軍や軍需工場による闇取引の公然化は、特権集団と化していた軍に対する一般の国民の反感をいっそう助長した。四四年一一月四日、陸軍次官及び参謀次長は、「軍の自粛自戒徹底に関する件」を陸軍一般に通牒し、「依然軍の威信を失墜し、特に現戦局下、軍民離間、反軍思想の因を醸成するが如き事例其の跡を絶たず」として、速やかに具体的対策を講じるよう指示した。この通牒の中で、具体的事例としてあげられているのは、「部隊側に於て民需の逼迫を無視して直接生活物資の多量買出をなしたる為、統制会社其の他より軍横暴の非難を受けたるもの」、「営外者に対し多量の生活必需物資を特配し、之が為、一般民より羨望、嫉視せられたるもの」、「物品販売所用品又は官給品を多量に持出し、家族知人等に交付或は譲渡し、近隣者より誹謗せられたるもの」、「軍用自動車を遊興、引越、物資の買出等に濫用したるもの」、「当番兵を食料物資の買出又は薪割等に従事せしめ、一般民より軍の行為を疑惑視せられたるもの」、「民防空活動に協力せず、地方警防団員等と紛争し民衆の指弾を受けたるもの」、「其の他軍人軍属の誤れる優越感より地方民を軽視し、或は優遇に狃《な》れ増長せるが如き挙措に出で一般の顰蹙を買ひたるもの」の七例である。闇にかかわる行為が多いことがわかる。

同時に、闇の公然化は、多くの国民が生活上の必要にせまられて、いやおうなしに闇の世界の論理を受容するようになっていったことを意味していた。つまり、一般の国民はホンネとタテマエを巧みに使いわける生活態度を身につけ、それを生活の中で実践することによって、国家的な原理や倫理から、しだいに離脱していったのである。それは、生活防衛のための個人の私的エゴイズムが国家の公的タテマエを下から掘りくずしてゆく過程でもあった。

「戦後民主主義」は、私生活を優先し、豊かな生活を渇望する個々人の人間的欲求を全面的に肯定し承認したという点で、「旧い公的タテマエから分離した民衆のエゴイズム」を「普遍的な人権として公認」したという側面を持っていた（安丸良夫「戦後イデオロギー論」）。その意味では、闇の全面的受容は、「戦後民主主義」の歴史的前提を隠然とした形でつくり出していたといえよう。

戦局と株

興味深い事実は、作家の伊藤整が、四四年九月九日の日記に、「日本の平和産業の株がこの頃になって急に騰貴して来ているという。それも国際間の動きの為であるという」と書いているように（伊藤『太平洋戦争日記㈢』）、この頃から証券市場が微妙な動きを示し始めていることである。四四年下半期には、六月の連合軍によるノルマンディー上陸作戦の開始、Ｂ29による北九州爆撃、七月のサイパン島陥落などの「悪材料」が出たにもかかわらず、株式指数は高水準を維持した。しかし、これは売りの始まった軍需株を戦時金融金庫が買い支え、一方で民需株（平和株）の買いが始まったからである。さらに、翌四五年二月頃から民需株が注目され始め、特に三月九日以降、民需株の動きが目立ち始めた。買い進められたのは、主として紡績株、人絹株、船舶株、セメント株、食品株、興業株などだった（竹中清之助「太平洋戦争下の証券市場」）。

やはり、これは戦争の終結を見越した動きだろう。日本では、外国の放送を聴取することのできる短波ラジオの所有は一般には禁じられていた。しかし、実際には外国放送は、一部の日本人のニュースソースとなっていた。戦時交換船で帰国した人々に対して、アメリカ当局が実施した調査によれば、ある教師は次のように証言している(山本武利『ブラック・プロパガンダ』)。

私は開戦時に家で短波ラジオ受信機を隠しもっている日本人を一人知っている。またアマチュアのラジオ技術者はラジオを持っていて、冒険心があれば聴取できる。新聞を注意深く読んでいるある友人が言うには、不利な外国ニュースが公表される直前には、株式市場が敏感に反応している。これはニュースの秘密ソースがあることを示している。

3 戦争の終結へ

戦争終結決意の立ち遅れ

すでに、四三年一一月二七日、アメリカ大統領ルーズベルト、イギリス首相チャーチル、中華民国政府主席の蔣介石はカイロ宣言を公表し、日本の無条件降伏まで三国は共同して戦うこと、日本が略取したすべての太平洋上の島々を日本から剝奪すること、満州・台湾を中国に返還させ、朝鮮の独立を承認することなどを宣言していた。続いて、四五年二月四日には、ルーズベルト、チャーチル、ソ連邦首相スターリンの三者間でヤルタ会談が開催され、対日戦に関する秘密協定が締結された(ヤルタ協定)。具体的には、ドイツ降伏後三カ月以内にソ連は対日戦に参戦する、その見返りとして、南樺太はソ連に返還し、千島列島をソ連に譲渡する、という内容である。この協定は、領土不拡大の原則を謳った大西洋憲章の精神に明らかに反していたが、この段階では、アメリカ政府は日本打倒のためにはソ連との軍事的協力が必要不可欠だと判断していたのである。

それでは、日本政府は、内外の情勢にどのように対応しようとしていたのだろうか。東条内閣の総辞職をうけて、四四年七月二二日に新内閣を組閣したのは、陸軍大将の小磯国昭《こいそくにあき》である。小磯は、国務と統帥の統合を実現する立場から、組閣にあたって首相の大本営への列席を要求したが、統帥部に拒否され、結局、八月四日の大本営政府連絡会議で新たに最高戦争指導会議を設置することが決定された。しかし、その実態は従来の大本営政府連絡会議とほとんど変わらなかった。なお、政権末期の四五年三月に、天皇の特旨によって、小磯首相の大本営列席が認められてはいるが、実質的な意味はほとんどなかったといってよい。

内政面では、小磯は、翼賛政治会から四人を入閣させたが、このうち島田俊雄農商相、前田米蔵運輸通信相、町田忠治無任所相の三人は旧政友会・民政党の有力代議士であり、代議士三人の入閣は、第二次近衛文麿内閣による四〇年九月の内閣改造以来のことだった。また、小磯内閣は、四〇年七月以来停止していた政務次官・参与官制度を復活させた。国内にほとんど政治的基盤を持たない小磯は、議会寄りの政治姿勢をとることを余儀なくされたのである（古川隆久『戦時議会』）。

近衛上奏文

こうしたなかで、注目すべき動きを示したのは、近衛文麿だった。四五年に入ると、天皇の周辺でも、局面の打開をはかろうとする動きが表面化し、天皇が重臣グループから意見聴取を行なうことが決まった。その結果、四五年二月には、平沼騏一郎《きいちろう》以下七名の重臣(首相経験者及び元内大臣)が各々天皇に拝謁して、戦局に対する見通しを上奏したが、その中で唯一人、戦争の終結を明確な形で主張したのが近衛だった。一四日に行なわれた上奏に際して、近衛は、吉田茂(戦後の首相)と殖田俊吉の協力を得て、あらかじめ長文の上奏文を作成している。その内容は、「敗戦は遺憾ながら最早必至なりと存候《ぞんじそうろう》」として敗戦をはっきりと予見し、「国体護持の建前より最も憂ふるべきは、敗戦よりも敗戦に伴ふて起ることあるべき共産革命に御座候」とする立場から、革命による天皇制の崩壊という最悪の事態を回避するためにも、ただちに戦争の終結に踏み切るべきだと結論づけたものである。

しかし、近衛のこの上奏に対して天皇は、「もう一度戦果を挙げてからでないと、なかなか話はむずかしいと思う」と述べて、近衛の上奏に消極的な姿勢を示した。天皇は、米軍といずれかの戦線で決戦を行ない、多大な出血を強いた上で、少しでも有利な条件で講和にもちこもうと考えていたのである。その際、天皇が危惧していたのは、陸海軍の武装解除と戦争責任者の処罰問題だった。四四年九月二六日、木戸幸一内大臣と戦争の見通しについて懇談した重光葵外相は、木戸から、「独逸《ドイツ》屈服等の機会に名誉を維持し、武装解除又は戦争責任者問題なくして平和出来ざるや、領土は如何でもよし」という天皇の見解を伝えられている(伊藤隆・武田知己編『重光葵　最高戦争指導会議記録・手記』)。第二次世界大戦の勃発以来、連合国首脳は、枢軸国側の戦争責任者の処罰を再三にわたって言明してきた。日本側も、そのことはよく認識していた。また、陸海軍の武装解除は、東アジアに軍事的真空状態を生み出し、ソ連の勢力拡大につながる。典型的なパワー・ポリティクスの論理ではあったが、天皇は、処罰問題にくわえて、そのような危惧をいだいていたものと考えられる。

戦争末期の社会的変化

この近衛上奏文は、総力戦体制下で生じつつあった社会的変化に対する、貴族的特権層の危機意識を色濃く反映したものでもあった。総力戦体制は、小作層、労働者、職人等の「下流階級」の経済力や地位を相対的に向上させる。また、配給制度は、消費にあらわれる社会の上層階級と下層階級の格差を下方に平準化する。そして、近衛上奏文が、「翻《ひるがえっ》て国内を見るに、共産革命達成のあらゆる条件日々具備せられてゆく観有之候《これあり》」として、「生活の窮乏、労働者発言権の増大」などの変化をあげていることに示されるように、そうした社会的変化は、近衛にとっては、革命の前提条件が形成されてゆく過程に映ったのである(雨宮昭一『戦時戦後体制論』)。

さらに、本土空襲の激化が、こうした変化に拍車をかけた。被災による都市中産階級の没落である。四五年七月二〇日付の内務省警保局保安課『思想旬報』第三一号は、空襲により「壕バラック生活者」となった都市住民の数が、東京で二二万七〇〇〇人、横浜で約一〇万人、大阪で約九万人にも達している事実に言及しながら、次のように指摘していた。文中の「協力小工場」とは、大企業の下請け工場のことである。

大都市、中小都市を通じ夥《おびただ》しき多数に上る中流階層(特に、下層俸給生活者或は小規模経営の街工場経営者即ち協力小工場主等)は空襲に因り一夜にして家を焼かれ、産を失ひ、早急復興能力無き為、下層生活者に転落しつつあること、即ち之等中堅健全層の喪失は、(中略)壕バラック生活者の増加と共に、社会構成に著しき変動を惹起しつつあり。

空襲と関連して、無視することのできない社会的影響を及ぼしているのは、学童疎開である。四四年六月三〇日の閣議は、本土空襲の本格化を予想して、重要都市の国民学校初等科児童を地方に疎開させる方針を決定した。疎開には、親類などの伝《つて》を頼って疎開する縁故疎開と、学校ごとの集団疎開の二つがあったが、健康上や経済上などの理由で都市に残留する児童も少なくなかった。八月には、集団疎開組の第一陣が東京を出発するが、最終的には、約四六万人の児童が集団疎開し、親元を離れて地方の社寺や旅館で生活した。

軍隊への徴集と応召、軍需産業などへの徴用と勤労動員、そして、この学童疎開は、日本の家族を切り裂いた。戦争の末期には、大規模な兵力動員と労働力動員の結果、一四〇〇万世帯のうち少なくとも八〇〇万から九〇〇万世帯は、その成員が離ればなれになったといわれている。これに、敗戦時には八五〇万人に達していたとされる疎開者の存在を考慮に入れるならば、戦争の末期には、敗戦時にはほとんどの家族が本来の成員を欠いていたといえるだろう。総力戦の遂行は、家族を、さらには農業や商業などにあっては家族経営を、解体に導いていたのである（大門正克「子どもたちの戦争、子どもたちの戦後」）。

戦争終結の決意

しかし、「もう一度戦果を挙げてから」という天皇の期待に反して、戦局は悪化の一途をたどった。四五年三月三日には米軍がマニラを完全占領し、二五日には硫黄島守備隊による組織的戦闘が終わりを告げた。二六日には沖縄の慶良間《けらま》列島に、四月一日には沖縄本島に、米軍が上陸を開始する。

小磯内閣は、南京の汪兆銘政権の繆斌《みょうひん》を仲介者にして、蔣介石の国民政府との和平交渉を強引に推し進めようとしたが（繆斌工作）、重光外相や天皇の同意を得られずに挫折し、戦局打開の見通しのないまま、四五年四月五日に総辞職した。

かわって、四月七日には、海軍大将の鈴木貫太郎が内閣を組織した。鈴木は侍従長を長くつとめ、天皇の信頼も厚かったが、七九歳という高齢の総理大臣だった。天皇は、沖縄での決戦に期待をつないでいたが、五月初めには最終的に戦争終結を決意した。戦争終結工作にかかわっていた海軍少将の高木惣吉は、五月一三日付の覚書の中に、近衛からの伝言の内容を記録している。この覚書によれば、近衛と木戸内大臣との間で行なわれた会談の内容は、次のようなものだった(伊藤隆編『高木惣吉　日記と情報(下)』)。

尚木戸に突込んで、一体陛下の思召《おぼしめし》はどうかと聴いたところ、「従来は、全面的武装解除と責任者の処罰は絶対に譲れぬ、夫《そ》れをやる様なら最後迄戦ふとの御言葉で、武装解除をやれば蘇《ソ》連が出て来るとの御意見であつた。そこで、陛下の御気持を緩和することに永くかかつた次第であるが、最近(五月五日の二、三日前)御気持が変つた。二つの問題も已《や》むを得ぬとの御気持になられた。のみならず今度は、逆に早い方が良いではないかとの御考にさへなられた。早くといつても時機があるが、結局は御決断を願ふ時機が近い内にあると思ふ」との木戸の話である。

米軍に占領された飛行場を奪回するため、沖縄の第三二軍が反撃を実施し失敗するのが四月一二日、ソ連軍がベルリン市内に突入するのが二四日、第三二軍の最後の総反撃が挫折するのが五月五日、ドイツが連合国への無条件降伏文書に調印するのが八日のことだが、五月初めの時点で、沖縄決戦の失敗とドイツの敗北は、もはや明らかだった。このような戦局が、天皇に最終的決断を促したのである。

本土決戦準備

こうしたなかで、五月一一日、一二日、一四日に開催された最高戦争指導会議では、ソ連の対日参戦を防止し、その好意的中立を確保すること、ソ連を仲介者とした戦争終結工作を実施に移すため日ソ交渉を開始することが、ようやく決定された。しかし、六月八日に開催された御前会議では、天皇も含め誰一人として、戦争終結に向けての主導権を発揮しようとはしなかった。その結果、この御前会議で決定された「今後採るべき戦争指導の基本大綱」は、「七生尽忠の信念を源力とし地の利、人の和を以て飽く迄戦争を完遂し、以て国体を護持し皇土を保衛し征戦目的の達成を期す」という基本方針を決めた。日本本土で連合軍と決戦を行なうという、国力と戦局の現状を無視した無謀な本土決戦論＝徹底抗戦論である。ただし、戦争目的が「国体」の「護持」に変更されている点は注意をひく。「国体護持」＝天皇制の存続が確保されるならば、戦争目的は達成される、すなわち戦争は終結するという意味にも解釈することが可能だからである。

以後、本土決戦準備があわただしく進められた。すでに、四五年三月二三日に、小磯内閣は国民義勇隊の結成を閣議決定していた。国民義勇隊とは、国民学校初等科卒業者で六五歳以下の男子及び四五歳以下の女子で編成される補助部隊であり、防空・戦災復旧・陣地構築・輸送・警備などの活動に従事し、有事には国民義勇戦闘隊に改編されて軍の統率下に入るとされていた。さらに、六月二三日公布の義勇兵役法によって、一五歳から六〇歳までの男子と、一七歳から四〇歳までの女子が義勇兵役に服することになり、国民義勇戦闘隊に改編するために必要な法整備がなされた。

また、六月二二日には、政府に強大な権限を委任した戦時緊急措置法が公布される。戦争遂行上、緊急の必要がある場合には、政府は必要な命令を発し、処分をなすことができる、という広範な委任立法である。

軍部の政治的後退

こうして、本土決戦に向けての国内体制が整備されていったが、この過程で軍部の政治的威信も確実に低下していった。六月八日の御前会議では、総合計画局長官が「国力の現状」について、きわめて悲観的な見通しを報告したが、その中で「民心の動向」についても、次のように指摘している。

他面、局面の転回を冀求《ききゅう》するの気分あり。軍部及政府に対する批判逐次盛《さかん》となり、動《やや》もすれば指導層に対する信頼感に動揺を来しつつある傾向あり。且国民道義は頽廃の兆あり。又自己防衛の観念強く敢闘奉公精神の昂揚充分ならず、庶民層には農家に於ても諦念自棄的風潮あり。指導的知識層には焦燥和平冀求気分底流しつつあるを看取す。

戦意の低下、軍部を中心にした国家指導者に対する批判の増大は明らかであり、国民の多くは、何らかの形での局面の転換を求めていた。

このような政治状況のなかで、政党勢力の復権が目立つようになった。四五年三月三〇日には、翼賛政治会が改組されて新たに大日本政治会(総裁＝南次郎陸軍大将)が結成されているが、同会には、翼賛政治会の時代には認められていなかった地方支部が設置されることになった。そして、各都道府県ごとの地方支部に、各級の代議士や市町村長などの地方政治家が結集してくることになる。「以前の既成政党の党支部の再現」である(前掲『戦時議会』)。

また、六月九日に開会した第八七臨時議会では、戦時緊急措置法案に対して、憲法違反の可能性があるとする強い批判が出され、会期も議会側の要望をいれて、二日間延長されている。

ポツダム宣言の受諾へ

同じ頃、天皇の周辺でも新たな動きが生じていた。六月八日の御前会議の内容を天皇から聞かされた内大臣の木戸幸一が、徹底抗戦路線に危機感をいだき、ソ連を仲介者にした和平交渉を開始することを決意、関係者との協議に入ったのである。天皇も、木戸のこの動きを支持し、その結果、二二日に開催された御前会議では、天皇自身が、ただちに戦争終結工作に着手すべきだとの意思表示を行なった。これによって、すでに最高戦争指導会議のレベルで決定されていたソ連を仲介者とした和平交渉がようやく本格的に動き始めることになる。この対ソ交渉のための特使に選ばれたのが、近衛文麿である。

しかし、ドイツの降伏後、対日戦に参戦することを決めていたソ連が、この交渉に積極的に応じるはずもなかった。一方、七月一七日には連合国首脳によるポツダム会談が開催され、二六日には日本に降伏を求めるアメリカ・イギリス・中国による対日共同宣言（ポツダム宣言）が発表された。宣言の内容は、日本政府に対して、軍国主義勢力の除去、連合国軍による保障占領、植民地・占領地の放棄、陸海軍の武装解除と復員、戦争犯罪人の処罰、日本の民主化、賠償支払い、などの諸要求を突きつけたものだった。日本政府は、当初、ポツダム宣言を「黙殺」するという態度をとっていたが、八月六日には広島に、続いて九日には長崎に原子爆弾が投下され、さらに八日には、ソ連が日ソ中立条約の存在を無視して日本に宣戦布告し、約一五〇万名の赤軍が満州に侵攻してきた。

アメリカ政府は、「マンハッタン計画」という暗号名でよばれていた原子爆弾製造計画を、四二年八月から本格的にスタートさせていた。四五年七月一六日、ニューメキシコで最初の核実験が成功するまでに、この計画には二〇億ドルもの巨費と五四万人の人員が投入されていた。四五年二月のヤルタ会談の時点では、アメリカは、ソ連の対日参戦に大きな期待をよせていたが、核実験の成功によって原爆の破壊力が確認された後は、原爆投下によって、日本を降伏に追いこむという路線を選択した。東アジアにおけるソ連の影響力の拡大を阻止するためにも、あくまでアメリカが主導する形で対日戦を終結させたかったからである。

原爆による死没者数は、四五年末までに広島・長崎両市で約二一万人と推定されており、その後の死没者をあわせるならば、死没者の総数は少なくとも約三〇万人に達すると考えられている。

一方、日本の証券市場は、ポツダム宣言に敏感に反応した。七月二九日付の内務省警保局保安課『思想旬報(号外) 米、英、重慶三国の対日最後条件共同声明に対する反響(第一報)』は、「尚茲に注目すべきは証券市場の動向にして本声明が発せられて以来活況を呈し、日本郵船株の如きは、二十七日九十銭、昨日に於て二円三十銭高を示せり」と指摘し、「早期戦争終結に対する希望的観測市場に現出しつゝあると認めらる」と結論づけている。

ここに至って、ようやく日本政府の内部からも、「国体護持」だけを条件にしてポツダム宣言を受諾しようとする勢力が台頭してくる。彼らは、天皇の支持を取りつけた上で、八月九日深夜から一〇日にかけて開催された御前会議と一四日の二度の御前会議に臨み、天皇の支持を背景にしてポツダム宣言の受諾を最終的に決定した。アメリカ側は天皇制の存続を明示的な形で保証していたわけではなかったが、八月一〇日の日本政府による第一次受諾通告に対する回答にみられるように(バーンズ回答)、少なくとも存続の可能性を示唆してはいた。天皇と即時受諾派は、そこに望みを託して、宣言の受諾という政治的決断に踏み切ったのである。

公文書の焼却と隠匿

ポツダム宣言の受諾を決定した日本政府がただちに着手したのが、公文書の焼却である。これは、閣議決定に基づく措置であり、外務省・内務省・大蔵省などの各省庁の公文書が、焼却命令により次々に焼却された。焼却命令は、各市町村にも発せられ、この結果、全国の市町村で、徴兵や召集関係を中心にした大量の兵事資料が焼却されている(図5-3)。

また、外地では、大東亜省が八月一四日の閣議決定に基づき、出先公館に対して機密文書焼却の訓令を発し、これによって機密文書の廃棄が始まった事実が確認されている。大東亜省とは、一九四二年一一月に設置された官庁で、中国や東南アジアの占領地における一般政務(外交を除く)を統括した。さらに、植民地の朝鮮でも、八月一五日の「玉音放送」の直後から、総督府をはじめ主な官庁で、重要書類の焼却が始まっている。

最も徹底した公文書の焼却を行なったのは、いうまでもなく陸海軍である。陸軍の場合をみてみると、参謀本部などの中央機関が位置していた市ヶ谷では、公文書焼却の黒煙が、八月一四日午後から一六日まで立ちのぼり続けた。この焼却作業は、米軍の進駐後にも行なわれ、敗戦後に市ヶ谷に移送されていた参謀本部作戦課の機密作戦日誌は、米軍の進駐後に密かに焼却されている。

さらに、すでに述べたように、陸海軍の軍人は、公文書の隠匿も実行に移した。陸軍では、服部卓四郎大佐を中心にしたグループが、大本営政府連絡会議、御前会議の記録のほか、「大陸命」、「大陸指」の書類綴を秘匿している。海軍の場合でも、「大海令」が隠匿されている。これら一連の措置は、戦争責任や戦争犯罪に関する資料の「証拠隠滅」を目的として行なわれた。事実、敗戦後に開廷された極東国際軍事裁判(東京裁判)では、検察側は、犯罪を裏づける公文書のあまりの少なさに悩まされることになる(吉田裕「加害の「忘却」と日本政府」)。

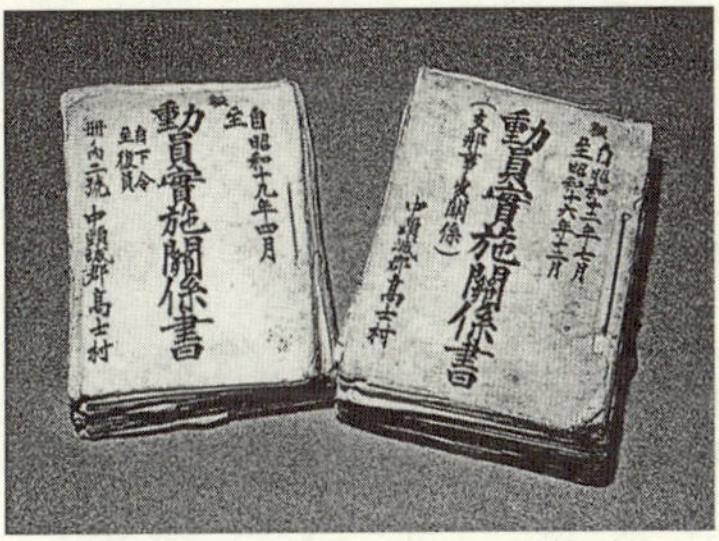

図 **5-3**　軍の焼却命令は，市町村の兵事文書にまで及んだため，大部分の市町村で徴兵関係などの兵事文書が焼却処分されている．新潟県の上越市は兵事文書がまとまった形で残されている数少ない市町村の一つである(上越市史編さん委員会編『上越市史 別編 7 兵事資料』)．

受諾過程の特質

ポツダム宣言受諾の過程をみてみると、二つのことに気づく。一つは、開戦に至る過程とまったく同様に、閣議が形骸化されていることである。ポツダム宣言の受諾を実質的に決めたのは、二度の御前会議であって、閣議ではない。ただし、八月一四日の御前会議は、天皇臨席の最高戦争指導会議に閣僚が列席する形をとっている。「終戦の詔書」は閣議に付され、全国務大臣が副署しており、国務大臣の輔弼だけによって、天皇の外交大権の行使がなされたという形が整えられている。しかし、実際には、閣議は、御前会議の決定を追認しているにすぎない。
枢密院に関しても、事態は同様である。八月一五日の枢密院本会議において、平沼騏一郎枢密院議長は、ポツダム宣言受諾に関する次のような内容の天皇の御沙汰書を読みあげている。

此件は枢密院に諮詢すべき者なるも、事急にして時間なきため、議長を最高戦争指導会議の御前会議に列席せしめたるのみにして、特に諮詢せざりしに依り諒承せよ。

つまり、枢密院議長を御前会議に列席させることによって、手続き上は必要不可欠な枢密院への諮詢を省略しているのである。以上の事態は、明治憲法体制の変質を意味していただけでなく、明治憲法が定めた国家意思の決定プロセスが、緊急の意思決定を必要とする総力戦下の現実に対応できなくなっていることを示している。
もう一つの問題は、戦争終結の方向で動いた人々が、明確な形での戦後構想をほとんど持ちあわせていなかったことである。その数少ない例外が、近衛である。対ソ交渉のための特使を引き受けた近衛は、ブレーン・グループの協力を得ながら、ただちに「和平交渉の要綱」という文書を作成している。この「要綱」は、交渉の基本方針として、「国体の護持」を絶対条件とすること、やむを得ない場合には、領土は、「固有本土」をもって満足すること、「民本政治」への復帰のため、「若干法規の改正、教育の革新」にも同意すること、最小限度の軍事力の保有が認められない場合には、「一時完全なる武装解除に同意す」ることなど、当時としては、かなり思い切った内容の和平条件を決めていた。さらに、この「要綱」には、補足説明的な「解説」が付されていたが、その中では、天皇の退位や明治憲法の改正の可能性についても言及されていたのである。しかし、敗戦後の四五年一二月六日に、GHQが近衛の逮捕を指令し、一六日に近衛が服毒自殺することによって、この数少ない自主改革構想は挫折することになる。

注目する必要があるのは、連合国側の戦後構想の問題である。総力戦下におけるさまざまな社会改革の問題でも、戦後を視野に入れて改革を構想していこうとする意識的な試みが数多くみられたのは、むしろ連合国の側だった。ファシズムと戦い民主主義を擁護するための戦争は、生活の向上や福祉の増進と結びついたものでなければならないという主張は、多くの国民に積極的に支持され、戦後の福祉国家を準備したといえるだろう（木畑洋一『第二次世界大戦』）。

戦没者数

ここで、この戦争での戦没者数を確認しておきたい。厚生省によれば、日中戦争から敗戦までの日本人の戦没者数は、軍人・軍属などが約二三〇万名、外地の一般邦人が約三〇万名、空襲などによる国内の戦災死没者が約五〇万名、以上の合計三一〇万名である（厚生省社会・援護局援護50年史編集委員会監修『援護50年史』）。ただし、この数の中には朝鮮人と台湾人の軍人・軍属の戦没者数、約五万名が含まれている。

しかし、この約三一〇万名という数字には疑問も少なくない。一つには、外地での一般邦人の戦没者数約三〇万名の中に算入されている沖縄県民の戦没者数、約九万五〇〇〇名(準軍属を含む)が過小な見積りではないかという問題である。ある推計によれば、沖縄県民の戦没者総数は約一五～一六万名にのぼるという(『週刊朝日百科　日本の歴史119』)。

もう一つは、空襲や原爆などによる民間人の戦没者数を約五〇万名としている点である。この数字は、全国戦災都市連盟による調査、「全国戦災都市空爆死没者数一覧」を基にしていると考えられるが、川崎市や那覇市など大規模な空襲をうけているにもかかわらず死亡者数の欄が空欄になっている都市が数市ある。また、この数字は、大規模な空襲をうけた全国一一三都市の死亡者数だけを集計したものだが、ほかにも空襲をうけた地域はかなり存在しており、実際の戦没者数はもっと多くなるはずである。このようにみてくると、日本人の戦没者数は、三一〇万名を越えるものと考えられる。

次に、外国人の戦没者数をみてみよう。アジア・太平洋戦域におけるアメリカ軍の戦死者数は九万二〇〇〇名から一〇万名、ソ連軍のそれは、張鼓峰《ちょうこほう》事件、ノモンハン事件、対日参戦以降の戦死者をあわせて二万二六九四名、イギリス軍＝二万九九六八名、オランダ軍＝二万七六〇〇名(民間人を含む)である(読売新聞戦争責任検証委員会編『検証　戦争責任Ⅱ』)。

交戦国だった中国や日本の占領下にあったアジアの各地域の人的被害は、もっと深刻である。しかし、これについては、正確な統計資料が残されていないため、各国政府の公式発表などを基にしたおおまかな見積りにならざるをえない。そのような見積りの一つとして、中国軍と中国民衆の死者＝一〇〇〇万名以上、朝鮮の死者＝約二〇万名、フィリピン＝約一一一万名、台湾＝約三万名、マレーシア・シンガポール＝約一〇万名、その他、ベトナム、インドネシアなどをあわせて、総計で一九〇〇万名以上という数字をあげておきたい（小田部雄次ほか『キーワード　日本の戦争犯罪』）。いずれにせよ、日本が戦った戦争の最大の犠牲者が、アジアの民衆であったことは間違いない。

「玉音放送」とソ連軍侵攻

四五年八月一五日正午、ラジオは天皇自身が読みあげる「終戦の詔書」を放送し、ポツダム宣言受諾の事実を国民に伝えた。いわゆる「玉音放送」である。続いて、九月二日には、日本政府の全権団が、米戦艦ミズーリ号の艦上で降伏文書に調印した。しかし、そのことは、すべての戦線で戦闘が終わったことを意味しなかった。

八月一一日、ソ連軍は南樺太への侵攻作戦を開始した。御前会議の決定をうけて、日本政府が、ポツダム宣言受諾の第一次通告を連合国側に対して行なった直後のことである。以後、日ソ両軍の戦闘は、八月二五日まで続いた。さらに、千島列島では、八月一八日に占守島に対するソ連軍の上陸作戦が開始されて激しい戦闘が行なわれ、二一日に停戦協定が締結される。すでに、八月一四日の御前会議はポツダム宣言の最終的受諾を決定し、連合国側への通告もなされていたにもかかわらずである。占守島に対する攻撃は、準備不足のままソ連軍が強行した面があり、日本軍の反撃で大きな損害を蒙った。その後、ソ連軍は、択捉島《えとろふ》、得撫島《ウルップ》、色丹島《しこたん》を無血占領し、降伏文書調印式の行なわれた九月二日には国後島《くなしり》を、三日には歯舞《はぼまい》諸島を占領している。勢力圏拡張のための露骨な軍事行動である。なお、満州・樺太・千島などでソ連軍の捕虜となった日本軍将兵は、その後、シベリアや中央アジアの強制収容所に移送され、過酷な条件の下での重労働の結果、多数の死者を出すことになる(シベリア抑留)。

八月一五日以降の中国戦線

中国戦線においては、国民政府軍と共産党軍のどちらが日本軍の武装解除を行なうかが、大きな問題だった。日本軍の保有していた大量の武器、弾薬の行方が、国民政府軍と共産党軍との間の軍事的力関係に大きな影響を及ぼすことは明らかだったからである。

支那派遣軍総司令官の岡村寧次大将は、国民政府側の働きかけもあって、早い段階で国民政府軍への降伏を決意していた。四五年八月一八日に、総参謀長の名で全軍に通牒された「和平直後の対支処理要綱」は、「支那に交付すべき武器弾薬、軍需品等は（中略）完全且円滑に支那側に交付し、以て進んで中央政権の武力の充実に寄与す」という形で、国民政府軍への降伏と同軍による武装解除を明確に指示している。さらに、派遣軍の要請をうけて、八月二二日に大本営が発した大陸命第一三八八号は、外地の作戦軍に全面的な停戦を命じながらも、支那派遣軍にだけは、「局地的自衛の措置を実施すること」を認めていた。この結果、華北では、武装解除を求める共産党軍とこれを拒否する日本軍との間で、八月一五日以降も激しい戦闘が生起することになった。

四六年三月時点での調査によれば、「終戦後」に三一八〇名の日本兵が、中国戦線で戦死している。

岡村は、その後、戦犯として国民政府の軍事法廷の審理にかけられたが、結局、無罪となり日本に帰国する。「反共」を共通項にした国民政府への積極的協力を評価されてのことだろう。岡村自身も、四九年三月に総理庁や第一復員局関係者によって行なわれた聞き取り調査の中で、国民政府の戦犯裁判について、「私に対しては無審理で帰国させる積りでおったようだが、結局一応裁判を行なうことになった」、「要するに民衆に対する思惑が裁判にまで持って行くことになったのであろう」と述べている(「元支那派遣軍総司令官岡村寧次大将より聴取書」)。国民政府としては、岡村を起訴しない方針だったが、中国の国民感情に対する配慮から、形の上では戦犯裁判を行なわざるをえなかったということだろう。なお、日本に帰国した岡村は、国共の内戦に敗れて台湾に移った国民政府のために、旧陸軍将校を集めて軍事顧問団を組織し、台湾に送り出すという秘密任務にあたった。この軍事顧問団が、いわゆる「白団《パイ》」である。

「反共」のための連携という点からいえば、山西残留問題を忘れることはできない。山西省では、北支那方面軍隷下の第一軍の一部が敗戦後も現地に残留し、国民政府の第二戦区軍に参加して共産党軍と戦うという事態が生じている。これは、第二戦区司令長官、閻錫山《えんしゃくざん》の要請にこたえて、第一軍上層部が、日本軍将兵に残留を命じたからである。この結果、約二六〇〇名の日本軍が戦後三年半にわたって、共産党軍との戦闘を続けることになった（藤原彰『天皇の軍隊と日中戦争』）。

東南アジアの日本軍

東南アジアでは、イギリスの東南アジア軍司令部（司令官はルイス・マウントバッテン卿）の管轄地域の拡大が重要な意味を持った。これまで同司令部は、イギリスの植民地であった地域を主として管轄してきた。それが、八月一五日に、英米間の合意によって、インドネシアの主要地域、北緯一六度線以南のインドシナが新たにその管轄地域に加えられた。つまり、イギリス軍は、オランダやフランスの植民地においても、日本軍を武装解除する任務を負い、オランダとフランスが植民地に復帰するのを支援する役割を引き受けたのである（木畑洋一「ヨーロッパから見たアジア太平洋戦争」）。そのことは、別の角度からみれば、イギリス軍の進駐までは、日本軍が独立運動に対する抑止力として機能していたこと、そして、イギリス軍以外の武装解除には応じないことによって、日本軍の武器、弾薬が独立運動の側にまわることを阻止する役割を果たしていたことを意味する。その点からすれば、ポツダム宣言の受諾によって、戦闘がただちに終息したわけでも、日本の軍事力がその軍事的機能を喪失したわけでもなかったのである。事実、インドネシアでも、武器、弾薬の引き渡しを要求する民族運動の側と日本軍との間で武力衝突が発生している。自らの意志で独立運動に参加した少数の日本兵を別にすれば、日本軍そのものは、依然として民族運動に敵対する存在だったといえよう。

なお、敗戦時に海外にいた軍人・軍属、一般民間人の総数は約六六〇万人であり、そのほぼ半数が民間人だった。これらの人々の引揚も、日本政府にとって大きな問題だった。

「無言の帰還」の内実

肉親を戦場に送り出した留守家族の場合でも、「終戦」は戦争の終わりを意味しなかった。出征した肉親の安否が不明のままの家族が多かったからである。

岩手県の事例でみてみると、陸海軍の全戦死者＝三万一〇四二名（表5－1と数値が若干異なる）のうち、四五年度までに戦死の公報が発令された者は、九六八二名（全体の三一・二％）にすぎず、四六年度から四八年度の発令者数が一万八九七六名（六一・一％）にも達している（前掲『援護の記録』）。戦友などを通じて安否の情報が伝えられる場合もあったが、留守家族の多くは、何の情報もないまま、不安の時をすごさなければならなかったのである。

また、戦死者の遺骨の問題も深刻だった。すでに述べたように、戦局の悪化にともない、実骨のない遺骨箱が急増していた。新潟県の事例をみてみると、遺骨の収容ができない場合は、

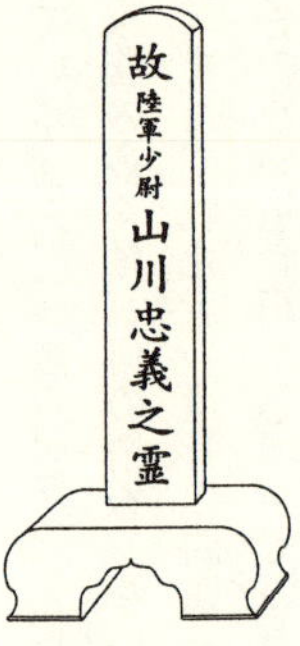

図**5-4**　霊璽．遺骨に代えて遺族のもとに渡される例が多かった．

「遺留品または記念となるべき物をもって遺骨に代え」、遺骨箱に収納した。ガダルカナル島における第二師団の戦死者の場合は、同島の砂を「遺骨に代え収納伝達し」ている。また、遺骨に代わるべきものがまったくない場合には、図5－4のような霊璽《れいじ》（位牌）を収納したが、戦局の悪化にともなって霊璽のみの伝達が増えていった（新潟県民生部援護課編『新潟県終戦処理の記録』）。

敗戦後には、本来、遺骨が入っているはずの白木の箱の扱いは、さらに粗略になっていった。国立歴史民俗博物館が実施した「戦争未亡人」に対する聞き取り調査の中から、敗戦後に戦死の公報が届き、なおかつ本人が伝達された遺骨箱の中身を直接確認した二一人の事例を抽出し、遺骨箱の中身を整理してみると、次のようになる（国立歴史民俗博物館『戦争体験の記録と語りに関する資料調査1～4』）。

実骨	一例
遺品（パイプ状のもの・財布）	二例
位牌・霊璽	七例
板切れ・木片・札	三例

小石と木の札	一例
紙	六例
何も入っていない	一例

木の札や紙に戦死者の名前を記しただけのものと空箱とで、ほぼ半数に達することがわかる。なお、位牌・霊璽と記されたものの中に、実際には木片に名前だけを記したものが混在している可能性も否定できない。

戦死者の公葬の禁止

さらに、占領期には戦死者に対する公葬が禁じられていた。四五年一二月のGHQの国家神道に対する覚書(神道指令)に基づいて、四六年一一月には、内務・文部次官の通牒、「公葬等について」が発せられ、国や地方公共団体による戦死者の公葬の禁止、戦死者の葬儀に対する国や地方公共団体の援助の禁止が指示された。実際には、この通牒の以前から、公葬は行なわれなくなっていたようだが、富山県の場合、状況は次のようなものだった(富山県厚生部社会福祉課『富山県終戦処理史』)。

指令後は地方世話部(世話課)における遺族への遺骨伝達に際しては、一般の者の列席を禁じ、宗教色を抜きにした遺骨伝達式が行なわれるようになった。遺骨を受けとった家族はそれぞれの家で親類縁者のほか参列者のないままに行なわれ、終戦前の公葬にくらべあまりにも寂寞《せきばく》たるものであった。また市町村等における慰霊法要も終戦後は行なわれなくなった。

石川県の例でみてみると、遺骨・遺留品の伝達状況は(民間人のものを含む)、四六年＝六七〇三件、四七年＝七一三六件、四八年＝一二一二件、以後、五九年までに総件数一万七六七〇件であり、四六年から四八年の三年間だけで全体の八五・二％を占めている(石川県『石川県終戦処理の記録』)。多くの遺族は、ひっそりと「無言の帰還」を受け入れるほかなかったのである。

おわりに

敗戦後のある手紙

敗戦後まもない、一九四六(昭和二一)年三月、西宮市在住のある男性が、第一復員省の上月良夫次官に印象深い手紙を書いている。この男性の息子は、三九年に召集されてニューギニア戦線で「生死不明」となり、所属する部隊の部隊長、副官、当番兵二名の四名だけが日本に帰還した。男性は、他の戦線でも同様の事例があるとしながら、次のように指摘して、政府としての責任ある回答を求めている。旧意識をさしあたりの基盤としてはいるものの、そこには戦後史を支える新たな意識の芽ばえがある。

陛下の赤子、股《こ》肱《こう》を見捨て帰る司令官始め各将軍連こそ悪魔であり鬼畜の所業であり、且つ何と陛下に対し奉り申訳致す次第に御座候哉《や》。実に股肱の臣を豚か犬かを見捨て去りしと同様の次第に御座候哉。親として「生死不明」の名のもとに「ニューギニア」山中に放置され見捨てられたる一子の上に思いを走せ(ママ)、苦悩の日夜を続け居候。心中御憐憫御同情の上、国家として又政府当局として最善の救出法、召還法を御願致度《いたしたく》恥も外聞もなく懇

品川駅に着いた復員列車(1946年). 満面の笑顔の中から，生き残って故国と家族のもとへ帰ってくることのできた喜びが，ひしひしと伝わってくる．戦後の日本社会の一つの原点は，兵士たちのこの笑顔の中にあったはずである(『昭和のくらし研究』第4号，2006年)．

願申上げる次第に候。

この男性をつき動かしているのは、国家の棄民政策に対する父親としての深い憤りだが、その鉾先は天皇に向けられる可能性を秘めていた。彼は、この手紙の中で次のようにも書いていたのである。

陛下の御名に於て出征を命ぜられ、忠良なる陛下の股肱たるべく恥しからぬ行動をなすべく申開《(ママ)》けし親として、之等山中に置去りにされし愛子を救出せざれば親として相済まざる次第であり、且天理に悖《もと》る次第に候。国家として又政府当局として之等忠勇なる陛下の股肱を御見捨てになれば、要するに陛下の御名に於て御見捨てに相成る次第に候。

アジア・太平洋戦争は、日本の無惨な敗北に終わったが、その敗北は、戦後の日本人の意識にどのような影響を及ぼしたのだろうか。

まず何よりも、本書でみてきたような前線と銃後の悲惨で凄惨な現実が、戦後の日本社会の中に、軍隊や戦争に対する強い忌避感や国家が掲げる大義への根深い不信感を定着させたことが指摘できる。痛切な戦争体験に裏打ちされた非戦の政治文化の形成と言ってもいい。その点では、敗戦は、何よりも軍国主義と軍隊からの解放を意味していた(右ページの写真参照)。そして、その政治文化は、日本が「普通の国」として、戦争の直接の当事者となることを阻んできた。

敗戦から冷戦へ

しかし、冷戦への移行は、状況をより複雑なものとした。社会主義陣営との対決姿勢を強めたアメリカは、日本の非軍事化と民主化という当初の占領政策を大きく転換させて、同盟国としての日本の強化・安定に軸足を移していったからである。この結果、再軍備が開始されるとともに、戦犯容疑者が次々に釈放されるなど、日本の戦争責任の追及も中途で打ち切られた。

事実、五一年九月に調印されたサンフランシスコ講和条約は、「寛大な講和」としての性格を色濃く持っていた。この条約では、アメリカを中心にした主要参戦国が対日賠償の請求権を放棄しただけでなく、その第一一条で日本政府が極東国際軍事裁判(東京裁判)の判決を受諾することが規定されているだけで、戦争責任問題に関する直接的言及はまったくなかったからである。首席全権として、この条約に調印した吉田茂首相は、この点について、次のように書いている(吉田『回想十年』第三巻)。

この条約では、日本の戦争責任について、一言もいわれていない。（中略）第二次世界大戦後の他の講和条約、例えばイタリー、ルーマニアの講和条約では、いずれも戦争の責任が明言されているのである。日本の条約において、かゝることのなかったのは、和解の精神が貫かれたからであることは明白であろう。

また、国内政治の面でも、講和条約調印の前後から、公職追放を解除された大物政治家が、続々と政界に復帰してきた。公職追放とは、占領期に行なわれた軍国主義者や国家主義者の公職からの排除政策のことだが、その解除は、指導者の国民に対する責任が曖昧にされることを意味してもいた。中曾根康弘元首相も、公職追放組の政界復帰に批判的に言及しながら、「とにかく、あの戦争の指導者には日本人自らがきちんと決着をつけるべきだったにもかかわらず、冷戦がはじまり、別の温かい風が流れ込んできたため中途半端に終わってしまった」と指摘している（中曾根『天地有情』）。

日本人の平和意識

こうした一連の事態は、国民の意識の上に複雑な影響を及ぼした。第一には、加害の記憶が封印され、国民は戦争の犠牲者であり被害者であるという認識を基盤にして、独特の平和意識が形成されたことがあげられる。この被害者としての自己認識は、戦場の悲惨な現実や戦争による国民生活の悪化を直接の基盤としていただけに、国民意識の中に深く根をおろしたものとなった。逆にいえば、そうした平和意識は、アジアに対する加害の歴史を忘れさることによって、はじめて成り立っていたのである。

第二に、国家指導者の国民に対する責任までもが曖昧にされたことは、国民の中に深いわだかまりを残す結果となった。戦争の末期から、国民の間に、国家指導者に対する反感や不信感がひろがっていたが、敗戦は、それを決定的なものとした。日本の国家指導者の戦争責任は、連合国側が開廷した東京裁判で裁かれることになるが、この裁判が「勝者の裁き」という政治性を持っていたため、裁判に対する反感や反発が国家指導者に対する批判の鋒先を鈍らせた面があったことも否定できない。しかし、被害者的な戦争観と結びつくことによって、戦争の責任は軍人を中心にした国家指導者にあり、自分たちは国家指導者たちの誤った政策の犠牲者だとする国民意識が広範に形成されたのは確かだろう。それだけに、戦争責任の問題が、なし崩し的に曖昧化されたことによって、多くの国民が割り切れない思いを抱くことになったのである。そして、そうした思いは、天皇に向けられることもあった。多数の餓死者を出したことで有名なメレヨン島から生還した将兵の体験記を検討した一ノ瀬俊也は、「いくつかの体験記を通じて浮びあがってきたのは、「昭和」が終わり、戦後五〇年以上たってなおやまない、〈戦争責任〉への執拗な問いである。その矛先は、時に天皇にまで及んだ」と指摘している（一ノ瀬

「餓死の島をなぜ語るか」)。

第三には、アメリカを中心にした連合国との政治的和解を促す冷戦の論理が、忘却を強いる力として作用したことである。戦争責任、戦後処理の問題にひとまずの結着をつけた日本社会は、経済復興から高度成長の時代へと突き進んでゆくが、そうした社会状況は、戦争の時代を、遠く過ぎ去った過去、振り返るに値しない過去とみなす風潮を生んだ。「がらがらどんどんと事務と常識が流れ　故国は発展にいそがしかった」(竹内浩三)のである。

そのことは、直接の戦争体験を持つ世代の間に、屈折した諦念を生んだ。高橋三郎編著『共同研究　戦友会』は、戦友会に集まる元兵士たちの、戦争体験を持たない世代への態度を、「あなたがたに、われわれの体験について話したい。しかし、あなたがたにはわからないだろう……」と表現している。戦争体験の継承という面で、そこには深い断層が存在していた。

大きな岐路

しかし、以上みてきたような日本人の戦争認識、あるいは平和認識は、冷戦の終焉などを背景にして、八〇年代から九〇年代にかけて、大きな岐路に立たされることになる。一つには、歴史教科書問題、首相の靖国神社参拝問題などをきっかけにして、アジア諸国からの対日批判が本格化したことが指摘できる。被害者としての自己認識を基盤にした平和意識の上に、いわば安住していることができないような国際環境が新たに形成されたのである。

もう一つの変化は、戦争体験世代の急速な減少である。二〇〇三年一〇月一日時点で六五歳以上の人口は全人口の一九・一%にすぎない。この年齢層が小学校(当時は国民学校)一年生以上の年齢で敗戦をむかえた世代にほぼ相当している。これによって、直接の体験や実感に支えられた戦争認識や平和意識に大きなかげりが見え始めるようになった。直接の体験に基づかない「戦争の記憶」の占める比重が決定的となったともいえるだろう。

右のような状況は、今もなお続いている。そして、そうした歴史的な転換点を前にして、私たちの中には、戸惑いや苛立ちも生まれている。また、中国や韓国との間に、ナショナリズムの負の連鎖とでもよぶべき状況が生まれつつある。批判と反発を通じて、両国間のナショナリズムが相互に昂進しあうような関係がそれである。いずれにせよ、私たちが過去の歴史にどのような形で向きあうのか、その向きあい方が問われる時代を、私たちは生きているのだといえよう。

あとがき

戦後生まれだとはいえ、戦争の時代と地続きの時代を生きてきたという実感がある。私の幼年期の掛り付けの医者は、寺師義信元陸軍軍医中将である。いかめしい髭をはやした老先生だったが、治療の後に飴玉をもらった記憶がある。お孫さんの少女が、小・中学校時代、私の一学年下にいた。後から知り得たことではあるが、日中友好に尽力した遠藤三郎元陸軍中将の住居も、私の行動圏内にあった。

また、つい最近、中学生時代の同級生である栗原好江さんからの連絡で、同級生の林夏子さんの父親が、「桜花」を装備した海軍の特攻部隊、第七二一海軍航空隊の生き残りであることを知った。七二一空の飛行隊長、野中五郎少佐が「桜花」の出撃に反対していたことはよく知られているが、出撃前の野中少佐の生々しい言動を記録に残しているのが、林さんの父上、林冨士夫元海軍大尉である。戦争の生々しい傷跡がごく身近なところに残されていることを改めて実感した。

植民地支配の問題でも同様である。同級生の中には在日朝鮮人の子弟がかなりいたが、私の遊び仲間だったのは、在日の中でも経済的に成功をおさめた家庭の子供たちだった。しかし、その対極には、日本社会の最底辺の労働者層を構成している人々がいた。Aさんの父親もその一人だが、ねじり鉢巻をし汗まみれになりながら、肥桶をのせたリヤカーを引いていた姿が目に焼きついている。同級生の父親の中で、今顔を思い出すことができるのは、Aさんの父親の赤ら顔だけである。

そんな世代の研究者である私自身の強い思い入れのようなものが、本書には色濃く反映している。気がついてみれば、若手、若手とおだてられ、若手、若手と驕りたかぶっていた時代は遠い過去のものとなり、今や中堅ともよべない世代の研究者となりつつある。この間、次々に育ってきた若い世代の研究者からすれば、私自身のこの思い入れは、重苦しいだけのものかもしれない。しかし、本書の執筆を終えた今の私の中には、果たすべき責務を自分なりに果たしたという満足感(自己満足感?・)がある。読者ならびに若手の研究者の方々の忌憚のない批判を御願いしたい。最後に、編集者として私を支えてくれた小田野耕明さんと、丁寧な仕事をしていただいた校正者の方に、深く感謝する。

二〇〇七年七月

吉田　裕

岩波新書より

日本史

岩波新書新赤版一〇〇〇点に際して

ひとつの時代が終わったと言われて久しい。だが、その先にいかなる時代を展望するのか、私たちはその輪郭すら描きえていない。二〇世紀から持ち越した課題の多くは、未だ解決の緒を見つけることのできないままであり、二一世紀が新たに招きよせた問題も少なくない。グローバル資本主義の浸透、憎悪の連鎖、暴力の応酬——世界は混沌として深い不安の只中にある。

現代社会においては変化が常態となり、速さと新しさに絶対的な価値が与えられた。消費社会の深化と情報技術の革命は、種々の境界を無くし、人々の生活やコミュニケーションの様式を根底から変容させてきた。ライフスタイルは多様化し、一面では個人の生き方をそれぞれが選びとる時代が始まっている。同時に、新たな格差が生まれ、様々な次元での亀裂や分断が深まっている。社会や歴史に対する意識が揺らぎ、普遍的な理念に対する根本的な懐疑や、現実を変えることへの無力感がひそかに根を張りつつある。そして生きることに誰もが困難を覚える時代が到来している。

しかし、日常生活のそれぞれの場で、自由と民主主義を獲得し実践することを通じて、私たち自身がそうした閉塞を乗り超え、希望の時代の幕開けを告げてゆくことは不可能ではあるまい。そのために、いま求められていること——それは、個と個の間で開かれた対話を積み重ねながら、人間らしく生きることの条件について一人ひとりが粘り強く思考することではないか。その営みの糧となるものが、教養に外ならないと私たちは考える。歴史とは何か、よく生きるとはいかなることか、世界そして人間はどこへ向かうべきなのか——こうした根源的な問いとの格闘が、文化と知の厚みを作り出し、個人と社会を支える基盤としての教養となった。まさにそのような教養への道案内こそ、岩波新書が創刊以来、追求してきたことである。

岩波新書は、日中戦争下の一九三八年一一月に赤版として創刊された。創刊の辞は、道義の精神に則らない日本の行動を憂慮し、批判的精神と良心的行動の欠如を戒めつつ、現代人の現代的教養を刊行の目的とする、と謳っている。以後、青版、黄版、新赤版と装いを改めながら、合計二五〇〇点余りを世に問うてきた。そして、いままた新赤版が一〇〇〇点を迎えたのを機に、人間の理性と良心への信頼を再確認し、それに裏打ちされた文化を培っていく決意を込めて、新しい装丁のもとに再出発したいと思う。一冊一冊から吹き出す新風が一人でも多くの読者の許に届くこと、そして希望ある時代への想像力を豊かにかき立てることを切に願う。

（二〇〇六年四月）

吉田 裕

1954年 埼玉県に生まれる
1977年 東京教育大学文学部卒業
専攻－日本近現代史
現在－一橋大学名誉教授
著書－『昭和天皇の終戦史』(岩波新書)
『日本の軍隊』(同上)
『日本人の戦争観』(岩波現代文庫)
『兵士たちの戦後史』(同上)
『天皇の軍隊と南京事件』(青木書店)
『現代歴史学と戦争責任』(同上)
『日本軍兵士』(中公新書)
『続・日本軍兵士』(同上) ほか
共著－『アジア・太平洋戦争』(吉川弘文館) ほか
編著－『岩波講座 アジア・太平洋戦争』全8巻 ほか

アジア・太平洋戦争
シリーズ 日本近現代史⑥　　岩波新書(新赤版)1047

2007年8月21日 第1刷発行
2025年6月13日 第23刷発行

著 者 吉田《よしだ》 裕《ゆたか》

発行者 坂本政謙

発行所 株式会社 岩波書店
〒101-8002 東京都千代田区一ツ橋 2-5-5
案内 03-5210-4000 営業部 03-5210-4111
https://www.iwanami.co.jp/

新書編集部 03-5210-4054
https://www.iwanami.co.jp/sin/

印刷製本・法令印刷 カバー・半七印刷

ISBN 978-4-00-431047-1 Printed in Japan

索　引

あ 行

か 行

さ 行

た 行

な 行

略年表

年	日本	世界
1940 (昭和15)	7 第2次近衛文麿内閣成立．大本営政府連絡会議，武力南進決定 9 部落会・町内会・隣保班・市町村常会整備要綱通達．北部仏印進駐．日独伊三国同盟締結 10 大政翼賛会発会 11 大日本産業報国会創立．日華基本条約調印	6 独軍，パリ占領
1941 (昭和16)	1「戦陣訓」布達 4 日ソ中立条約調印．日米交渉開始 7 御前会議，「情勢の推移に伴う帝国国策要綱」決定．関特演発動．第3次近衛内閣成立．米，在米日本資産凍結．南部仏印進駐 8 米，対日石油輸出禁止 9 御前会議，「帝国国策遂行要領」決定 10 東条英機内閣成立 11 御前会議，「帝国国策遂行要領」決定．米国務長官，ハル・ノート提示 12 御前会議，対米英蘭開戦決定．日本軍，マレー半島上陸・ハワイ真珠湾攻撃．マレー沖海戦．グァム島占領．香港全島占領	3 米，武器貸与法成立 6 独ソ戦開始 8 ルーズベルトとチャーチル，大西洋憲章発表
1942 (昭和17)	1 日本軍，マニラ占領．大日本翼賛壮年団結成 2 日本軍，シンガポール占領．華僑虐殺事件．翼賛政治体制協議会結成 3 日本軍，ジャワ島上陸．大本営政府連絡会議，「今後採るべき戦争指導の大綱」決定 4 日本軍，バターン半島占領．ドゥーリ	1 連合国26カ国共同宣言 3 米，日系人強制収容の命令 8 米，マンハッタン計画開始

	ットル隊，日本初空襲．翼賛選挙 5 珊瑚海海戦．翼賛政治会結成 6 ミッドウェー海戦 7 大本営，南太平洋進攻作戦中止決定 8 米軍，ガダルカナル島上陸．ソロモン海戦 10 南太平洋海戦 11 大東亜省設置	
1943 (昭和 18)	2 日本軍，ガダルカナル島撤退開始 3 戦時行政職権特例公布 4 連合艦隊司令長官山本五十六，ソロモン上空で戦死 5 アッツ島の日本守備隊全滅．御前会議，「大東亜政略指導大綱」決定 8 朝鮮に徴兵制施行 9 御前会議，「今後採るべき戦争指導の大綱」(絶対国防圏の設定)決定 10 学生・生徒の徴集猶予停止(学徒出陣) 11 軍需省設置．大東亜会議開催 12 徴兵適齢1年引下げ	2 スターリングラードの独軍降伏 9 伊，無条件降伏 11 カイロ宣言．テヘラン会談
1944 (昭和 19)	1 大本営，大陸打通作戦命令．横浜事件 2 米軍，マーシャル諸島上陸．東条首相・陸相，参謀総長兼任．嶋田海相，軍令部総長兼任 3 インパール作戦開始 6 米軍，サイパン島上陸(翌月，守備隊全滅)．マリアナ沖海戦 7 東条内閣総辞職．小磯国昭内閣成立 8 学徒勤労令・女子挺身勤労令 9 台湾に徴兵制施行 10 米軍，レイテ島進攻．神風特攻隊出撃	6 米英軍，ノルマンディー上陸 8 連合軍，パリ解放
1945 (昭和 20)	2 近衛文麿，敗戦必至と上奏．米軍，硫黄島上陸(翌月，守備隊全滅) 3 国民勤労動員令．東京大空襲．大阪空	2 ヤルタ会談 5 独，無条件降伏

	襲 4 米軍，沖縄本島上陸．小磯内閣総辞職．鈴木貫太郎内閣成立 5 戦時教育令公布 6 御前会議，「今後採るべき戦争指導の基本大綱」(本土決戦方針)決定．義勇兵役法公布．沖縄守備隊全滅．花岡事件 7 近衛文麿の特使派遣をソ連に申入れ 8 広島に原爆投下．ソ連，対日宣戦布告．長崎に原爆投下．御前会議，ポツダム宣言受諾を決定．戦争終結の詔書を放送(玉音放送)．東久邇宮稔彦内閣成立．マッカーサー元帥，厚木に到着 9 降伏文書調印	7 ポツダム宣言発表

参考文献

本文のなかで言及した文献をはじめ執筆にあたって参考にしたものを掲げた．その他，ここでは紙数の関係からいちいち挙げないが，多くの文献に教えられた(各章ごとに刊行年代順に配列)．

全体を通して

木坂順一郎『昭和の歴史 7　太平洋戦争』小学館，1982 年
細谷千博編『日英関係史　1917～1949』東京大学出版会，1982 年
江口圭一『十五年戦争小史(新版)』青木書店，1991 年
近藤新治編『近代日本戦争史　第四編　大東亜戦争』同台経済懇話会，1995 年
山田朗『軍備拡張の近代史』吉川弘文館，1997 年
武田幸男編『朝鮮史』山川出版社，2000 年
倉沢愛子ほか編『岩波講座 アジア・太平洋戦争』全 8 巻，岩波書店，2005～06 年
吉田裕・森茂樹『アジア・太平洋戦争』吉川弘文館，2007 年

はじめに

キャロル・グラック「現在のなかの過去」アンドルー・ゴードン編『歴史としての戦後日本(上)』みすず書房，2001 年
吉田裕『日本人の戦争観』岩波現代文庫，2005 年

第 1 章

豊田副武『最後の帝国海軍』世界の日本社，1950 年
竹内好「近代の超克」伊藤整ほか編『近代日本思想史講座 7』筑摩書房，1959 年
朝日新聞法廷記者団編『東京裁判(中)』東京裁判刊行会，1962 年
佐藤賢了『大東亜戦争回顧録』徳間書店，1966 年
宇垣纏『戦藻録』原書房，1968 年
鹿島平和研究所編『日本外交史 24』鹿島研究所出版会，1971 年

新名丈夫編『海軍戦争検討会議記録』毎日新聞社，1976 年
藤原彰『太平洋戦争史論』青木書店，1982 年
伊藤整『太平洋戦争日記(1)』新潮社，1983 年
家永三郎『戦争責任』岩波書店，1985 年
吉沢南『戦争拡大の構図』青木書店，1986 年
原四郎『大戦略なき開戦』原書房，1987 年
波多野澄雄『幕僚たちの真珠湾』朝日新聞社，1991 年
入江昭，篠原初枝訳『太平洋戦争の起源』東京大学出版会，1991 年
永井和『近代日本の軍部と政治』思文閣出版，1993 年
山田朗『大元帥　昭和天皇』新日本出版社，1994 年
鈴木健二『戦争と新聞』毎日新聞社，1995 年
森山優『日米開戦の政治過程』吉川弘文館，1998 年
軍事史学会編『機密戦争日誌(上)』錦正社，1998 年
安田浩『天皇の政治史』青木書店，1998 年
須藤眞志『ハル・ノートを書いた男』文春新書，1999 年
井口武夫「対米開戦通告をめぐる諸問題」『東海法学』第 22 号，1999 年
伊藤隆ほか編『高木惣吉　日記と情報(下)』みすず書房，2000 年
相澤淳『海軍の選択』中央公論新社，2002 年
佐藤元英「なぜ「宣戦布告」の事前通告が行われなかったのか」『中央公論』2004 年 12 月号
竹山昭子『史料が語る太平洋戦争下の放送』世界思想社，2005 年
中園裕『新聞検閲制度運用論』清文堂出版，2006 年

第 2 章
松村秀逸『大本営発表』日本週報社，1952 年
大谷敬二郎『昭和憲兵史』みすず書房，1966 年
防衛庁防衛研修所戦史室『戦史叢書　大本営陸軍部〈3〉』朝雲新聞社，1970 年
『宇垣一成日記 3』みすず書房，1971 年
横浜市・横浜の空襲を記録する会編『横浜の空襲と戦災 2』横浜市，1975 年
巌谷二三男『中攻』原書房，1976 年

『別冊 一億人の昭和史　日本ニュース映画史』毎日新聞社，1977年
細川護貞『細川日記』中央公論社，1978年
塚本誠『ある情報将校の記録』芙蓉書房，1979年
大木操『激動の衆議院秘話』第一法規出版，1980年
保阪正康『東条英機と天皇の時代(下)』伝統と現代社，1980年
永井荷風『断腸亭日乗 5』岩波書店，1981年
林茂・辻清明編『日本内閣史録 4』第一法規出版，1981年
若松会編『陸軍経理部よもやま話』非売品，1982年
石島紀之『中国抗日戦争史』青木書店，1984年
日本放送協会編『ラジオ年鑑　昭和十八年版』大空社，1989年
伊藤隆ほか編『東条内閣総理大臣機密記録』東京大学出版会，1990年
清沢洌『暗黒日記』岩波文庫，1990年
寺崎英成，マリコ・テラサキ・ミラー編著『昭和天皇独白録　寺崎英成・御用掛日記』文藝春秋，1991年
野村実『海戦史に学ぶ』文春文庫，1994年
加藤陽子『徴兵制と近代日本』吉川弘文館，1996年
笠原十九司『南京事件と三光作戦』大月書店，1999年
山室建徳「軍神論」青木保ほか編『近代日本文化論 10』岩波書店，1999年
新谷尚紀「慰霊と軍神」藤井忠俊・新井勝紘編『人類にとって戦いとは 3』東洋書林，2000年
秦郁彦編『検証・真珠湾の謎と真実』PHP研究所，2001年
原武史『皇居前広場』光文社新書，2003年
増田知子「「立憲制」の帰結とファシズム」歴史学研究会・日本史研究会編『日本史講座 9』東京大学出版会，2005年
山田朗「兵士たちの日中戦争」『岩波講座 アジア・太平洋戦争 5』岩波書店，2006年

第3章

山下粛郎『戦時下に於ける農業労働力対策(第二分冊)』農業技術協会，1948年

諏訪敬三郎編『第二次大戦における精神神経学的経験』非売品，1966 年
防衛庁防衛研修所戦史室『戦史叢書　南太平洋陸軍作戦〈2〉』朝雲新聞社，1969 年
陸上自衛隊衛生学校編『大東亜戦争陸軍衛生史 8』非売品，1969 年
防衛庁防衛研修所戦史室『戦史叢書　大本営陸軍部〈5〉』朝雲新聞社，1973 年
田中申一『日本戦争経済秘史』コンピュータ・エージ，1974 年
防衛庁防衛研修所戦史室『戦史叢書　大本営陸軍部大東亜戦争開戦経緯〈5〉』朝雲新聞社，1974 年
戸石泰一『消燈ラッパと兵隊』KK ベストセラーズ，1976 年
山崎広明「日本戦争経済の崩壊とその特質」東京大学社会科学研究所編『ファシズム期の国家と社会 2』東京大学出版会，1979 年
東洋経済新報社編『昭和国勢総覧（下）』東洋経済新報社，1980 年
大江志乃夫『昭和の歴史 3　天皇の軍隊』小学館，1982 年
大井篤『海上護衛戦』朝日ソノラマ，1983 年
テレビ東京編『証言・私の昭和史 3』旺文社文庫，1984 年
大江志乃夫編『支那事変大東亜戦争間　動員概史』不二出版，1988 年
波多野澄雄『「大東亜戦争」の時代』朝日出版社，1988 年
海野福寿「朝鮮の労務動員」大江志乃夫ほか編『岩波講座 近代日本と植民地 5』岩波書店，1993 年
小林英夫『日本軍政下のアジア』岩波新書，1993 年
原朗編『日本の戦時経済』東京大学出版会，1995 年
山田朗「本土決戦体制への道」歴史教育者協議会編『幻ではなかった本土決戦』高文研，1995 年
近藤正己『総力戦と台湾』刀水書房，1996 年
波多野澄雄『太平洋戦争とアジア外交』東京大学出版会，1996 年
小澤眞人・NHK 取材班『赤紙』創元社，1997 年
上杉忍『二次大戦下の「アメリカ民主主義」』講談社，2000 年
吉村昭『東京の戦争』筑摩書房，2001 年
上羽修「「三光作戦」実行部隊の内部矛盾と将兵の心情」『季刊戦争責任研究』2002 年秋季号

有馬敲『時代を生きる替歌・考』人文書院，2003 年
戦後日本の食料・農業・農村編集委員会編『戦後日本の食料・農業・農村 1』農林統計協会，2003 年
塚﨑昌之「朝鮮人徴兵制度の実態」『在日朝鮮人史研究』第 34 号，2004 年
波平恵美子『日本人の死のかたち』朝日新聞社，2004 年
小関智弘『東京大森海岸　ぼくの戦争』筑摩書房，2005 年
河野仁「アメリカとの遭遇」『岩波講座 アジア・太平洋戦争 5』岩波書店，2006 年
倉沢愛子「帝国内の物流」『岩波講座 アジア・太平洋戦争 7』岩波書店，2006 年
小林英夫・張志強編『検閲された手紙が語る満州国の実態』小学館，2006 年
清水寛編著『日本帝国陸軍と精神障害兵士』不二出版，2006 年

第 4 章

ジョセフ C. グルー，石川欣一訳『滞日十年(下)』毎日新聞社，1948 年
大蔵省昭和財政史編集室編『昭和財政史 4』東洋経済新報社，1955 年
内務省警保局編『社会運動の状況 14　昭和 17 年』三一書房，1972 年
三岡健次郎『船舶太平洋戦争』原書房，1973 年
安藤良雄編『近代日本経済史要覧』東京大学出版会，1975 年
徳川夢声『夢声戦争日記 2』中公文庫，1977 年
西成田豊『近代日本労資関係史の研究』東京大学出版会，1988 年
中村隆英編『日本経済史 7』岩波書店，1989 年
澤地久枝『ベラウの生と死』講談社，1990 年
下谷政弘ほか編『戦時日本経済の研究』晃洋書房，1992 年
中野卓『「学徒出陣」前後』新曜社，1992 年
井本熊男「国防の基本問題を考え戦争中の経験を語る③」『偕行』1993 年 8 月号
三和良一『概説日本経済史　近現代』東京大学出版会，1993 年

内務省警保局『復刻版 外事月報7・8』不二出版，1994年
小林信彦『一少年の観た〈聖戦〉』筑摩書房，1995年
山之内靖ほか編『総力戦と現代化』柏書房，1995年
暉峻衆三編『日本農業100年のあゆみ』有斐閣，1996年
陸軍航空士官学校史刊行会編『陸軍航空士官学校』非売品，1996年
戦時下勤労動員少女の会編『記録－少女たちの勤労動員』BOC出版部，1997年
高松宮宣仁『高松宮日記7』中央公論社，1997年
蜷川壽惠『学徒出陣』吉川弘文館，1998年
秦郁彦『日本人捕虜(下)』原書房，1998年
藤崎武男『歴戦一万五〇〇〇キロ』中央公論新社，1999年
村井哲也「東条内閣期における戦時体制再編(下)」『東京都立大学法学会雑誌』第40巻第1号，1999年
藤岡明義『合冊　初陣の記　敗残の記』朝日新聞出版サービス，2001年
佐藤元英・黒沢文貴編『GHQ歴史課陳述録　終戦史資料(下)』原書房，2002年
田中宏巳『BC級戦犯』ちくま新書，2002年
玉山和夫，ジョン・ナンネリー『日本兵のはなし』マネジメント社，2002年
鈴木多聞「軍部大臣の統帥部長兼任」『史学雑誌』2004年11月号
板垣邦子「農村」早川紀代編『軍国の女たち』吉川弘文館，2005年
内海愛子『日本軍の捕虜政策』青木書店，2005年
古川隆久『昭和戦中期の議会と行政』吉川弘文館，2005年
山口宗之『陸軍と海軍(増補版)』清文堂出版，2005年
森武麿「総力戦・ファシズム・戦後改革」『岩波講座 アジア・太平洋戦争1』岩波書店，2005年
等松春夫「日中戦争と太平洋戦争の戦略的関係」波多野澄雄・戸部良一編『日中戦争の軍事的展開』慶應義塾大学出版会，2006年
吉田裕「アジア・太平洋戦争の戦場と兵士」『岩波講座 アジア・太平洋戦争5』岩波書店，2006年

第5章

菊池健一郎「司法の面より観たる敗戦原因の研究」『司法研究』第34輯第5号，1947年
参謀本部編『敗戦の記録』原書房，1967年
竹中清之助「太平洋戦争下の証券市場」『横浜商大論集』第4巻第1号，1970年
防衛庁防衛研修所戦史室『戦史叢書　本土決戦準備〈1〉』朝雲新聞社，1971年
安丸良夫「戦後イデオロギー論」歴史学研究会・日本史研究会編『講座日本史8』東京大学出版会，1971年
防衛庁防衛研修所戦史室『戦史叢書　海軍捷号作戦〈2〉』朝雲新聞社，1972年
岩手県編『援護の記録』非売品，1972年
新潟県民生部援護課編『新潟県終戦処理の記録』非売品，1972年
富山県厚生部社会福祉課『富山県終戦処理史』非売品，1975年
生田惇『陸軍航空特別攻撃隊史』ビジネス社，1977年
池田貞枝『太平洋戦争沈没艦船遺体調査大鑑』戦没遺体収揚委員会，1977年
清水勝嘉「中部太平洋方面・離島残留海軍部隊の栄養失調症について」『防衛衛生』第29巻第12号，1982年
伊藤整『太平洋戦争日記(3)』新潮社，1983年
小池猪一編『海軍医務・衛生史3』柳原書店，1986年
『週刊朝日百科　日本の歴史119』朝日新聞社，1988年
駒宮真七郎『戦時船舶史』非売品，1991年
佐賀朝「戦時下都市における食糧難・配給・闇」『戦争と平和：大阪国際平和研究所紀要』第2号，1993年
西田美昭「戦時下の国民生活条件」大石嘉一郎編『日本帝国主義史3』東京大学出版会，1994年
小田部雄次ほか『キーワード 日本の戦争犯罪』雄山閣，1995年
木畑洋一「ヨーロッパから見たアジア太平洋戦争」中村政則ほか編『戦後日本　占領と戦後改革1』岩波書店，1995年
須川薫雄『日本の軍用銃と装具』国書刊行会，1995年
戦後五十年記念誌刊行会編『特攻のまち・知覧』戦後五十年記念

誌刊行会，1995 年
中村隆英・宮崎正康編『史料・太平洋戦争被害調査報告』東京大学出版会，1995 年
雨宮昭一『戦時戦後体制論』岩波書店，1997 年
厚生省社会・援護局援護 50 年史編集委員会監修『援護 50 年史』ぎょうせい，1997 年
木畑洋一『第二次世界大戦』吉川弘文館，2001 年
林博史『沖縄戦と民衆』大月書店，2001 年
藤原彰『餓死した英霊たち』青木書店，2001 年
古川隆久『戦時議会』吉川弘文館，2001 年
山本武利『ブラック・プロパガンダ』岩波書店，2002 年
石川県『石川県終戦処理の記録』非売品，2003 年
伊藤隆・武田知己編『重光葵　最高戦争指導会議記録・手記』中央公論新社，2004 年
国立歴史民俗博物館『戦争体験の記録と語りに関する資料調査 1～4』非売品，2004～05 年
日高恒太朗『不時着』新人物往来社，2004 年
井上俊夫『初めて人を殺す』岩波現代文庫，2005 年
大門正克「子どもたちの戦争，子どもたちの戦後」『岩波講座　アジア・太平洋戦争 6』岩波書店，2006 年
秦郁彦「第二次世界大戦の日本人戦没者像」『軍事史学』第 166 号，2006 年
藤田昌雄『激戦場　皇軍うらばなし』光人社，2006 年
藤原彰『天皇の軍隊と日中戦争』大月書店，2006 年
吉田裕「加害の「忘却」と日本政府」森村敏己編『視覚表象と集合的記憶』旬報社，2006 年
読売新聞戦争責任検証委員会編『検証　戦争責任Ⅱ』中央公論新社，2006 年

おわりに

吉田茂『回想十年』第 3 巻，新潮社，1957 年
高橋三郎編著『共同研究　戦友会』田畑書店，1983 年
中曽根康弘『天地有情』文藝春秋，1996 年

参考文献

一ノ瀬俊也「餓死の島をなぜ語るか」『国立歴史民俗博物館研究報告』第126集，2006年